KB275515

이것이 구속사 설교이다

레위기

이것이 구속사 설교이다 – 레위기

Copyright ⓒ 머릿돌 2021

1쇄 발행 2016년 4월 10일
2쇄 발행 2021년 4월 15일

지은이 유도순
펴낸이 유효성
펴낸곳 머릿돌

등록번호 제17-240호
등록일자 1997년 5월 20일
　주소 경기도 성남시 분당구 성남대로 30, 동아그린프라자 501호
　　　　Mobile. 010-9472-8327
　　　　http://cafe.daum.net/gusoksa
E-mail yoodosun@hanmail.net / yoohs516@hanmail.net

　총판 기독교출판유통
　　　　경기도 파주시 월동면 통일로 620번길 128
　　　　(031) 906-9191
디자인 참디자인

ISBN 978-89-87600-76-5 03230

이것이
구속사 설교이다

유도순 지음

레
위
기

머릿돌

머리말

1. 설교집을 펴내는 의도

본서는 성경 66권을 구속사라는 관점으로 강론하여 완간한 후에 두 번째로 펴내는 모세오경에 관한 설교집이다. 성경을 구속사의 관점으로 보았다는 것은 주님께서, "너희가 성경에서 영생을 얻는 줄 생각하고 성경을 연구하거니와 이 성경이 곧 내게 대하여 증언하는 것이니라"(요 5:39) 하신 성경을 기록한 목적대로, 다시 말하면 예수 그리스도 중심으로 보았다는 뜻이다.

그런데 동역자들로 부터 성경을 구속사적으로 설교하는 것이 맞는 줄은 알면서도 설교 현장에서 응용하려니 어렵다는 말을 듣게 되었다. 이에 응하여 구속사적인 설교가 기존의 설교와는 내용면에서, 반응에서, 적용에서 어떻게 다른가? 이 혼란한 시대에 말씀을 맡은 설교자들에게 조금이나마 도움을 드리기 위한 것이 설교 집을 펴내게 된 동기이다.

2. 텍스트로 모세 5경을 택한 이유

주님께서는 불신 유대인들을 향해서, "내가 너희를 아버지께 고발할까 생각하지 말라 너희를 고발하는 이가 있으니 곧 너희가 바라는 자 모세니라"고 말씀하시면서, "모세를 믿었더라면 또 나를 믿었으리니 이는 그가 내게 대하여 기록하였음이라"고 말씀하신다. 모세오경의 중심주제는 예수 그리스도를 증언하기 위한 것이기 때문이다.

문제는, "내게 대하여"라 하셨는데 주님의 무엇에 대하여 증언하기 위해서 기록하였는가 하는 점이다. 교훈이 아니다. 축복이 아니다. 요즘 유행하는 자기 계발이 아니다. 주님께서, "인자가 온 것은 섬김을 받으려 함이 아니라 도리어 섬기려 하고 자기 목숨을 많은 사람의 대속물로 주려 함이니라"(마 20:28)하신, "대속제물"로 죽으실 것을 증언하기 위해서 기록이 된 것이 모세오경인 것이다.

다시 말하면 "복음의 뿌리"가 창세기·출애굽기·레위기에 뻗혀 있다는 말이다. 이를 증언해주어야만 이를 듣는 성도들의 "믿음의 뿌리"가 깊이 박혀 견고해질 수가 있기 때문에 모세오경을 택한 것이다. "그러나 그의 글도 믿지 아니하거든 어찌 내 말을 믿겠느냐"(요 5:45-47)가 되지 않기를 바랄뿐이다.

3. 도표를 곁들인 의도

성경 본문을 통해서 말씀하시려는 핵심적인 주제를 부각시키기 위해서다. 이 핵심주제를 이탈하지 않게 하기 위해서 도표를 곁들이게 된 것이다. 나무에 줄기와 큰 가지, 작은 가지가 있듯이 성경 말씀에도 줄기 말씀과 가지 말씀이 있다.

그런데 오늘날 설교는 본문을 통해 하나님께서 말씀하시려는 중심 주제에 설교의 초점이 맞춰져 있는 것이 아니라, 지엽적인 문장이나 한 단어에 근거하여 자기 계발, 또는 회중의 감성에 호소하는 심리화의 경향이 있기 때문이다. 그것은 하나님의 말씀을 대언(代言)하는 것이 아니라 자기주장을 하는 것이 된다.

이런 설교를 바울 사도는 "누가 철학과 헛된 속임수로 너희를 사로잡을까 주의하라 이것은 사람의 전통과 세상의 초등학문을 따름이요 그리스도를 따름이 아니니라"(골 2:8)고 잘라 말한다.

4. 설교 작성 노트를 제시한 의도

첫째는 설교자에게 본문을 들어서 증언하고자 하는 "내용목적"이 무엇인가를 분명히 해두기 위해서요, 둘째는 설교를 통한 "적용목적"을 염두에 두기 위해서이다. 설교자는 많은 말씀을 열심히 전하였는데 설교 후에 성도들에게 물어보면 무슨 말씀을 들었는지 대답을 하지 못하는 경우가 허다한 것이 사실이다. 이는 설교의 초점이 중심주제에 맞춰져 있지 않았기 때문이다.

본서는 레위기 편이다. 시간이 허락 되는 한 계속하고 싶다. 본인은 신학자가 아니라 목회자요, 80을 훨씬 넘긴 달려갈 길을 마치려는 지점에 다다른 늙은 종이다. 마지막 소원이 무엇이겠는가? "옮겨지기 전에 하나님을 기쁘시게 하는 자라 하는 증거"(히 11:5)를 얻는 것이리라. 부족한 본서를 통해서 하나님을 기쁘시게 하고, 젊고 신실한 동역자들에게 도움을 드리게 되기만을 바랄뿐이다.

우리교회 원로목사 유도순

목차

분석도표의 유익한 점

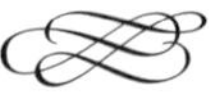

분석도표 작성법은 어빙젠센의 분석챠트 방법에 바탕을 두고 본인이 30년 가까이 목회현장에서 활용하면서 보완한 것이다. 분석도표의 유익한 점을 들면 아래와 같다.

1. 보다 예리한 관찰의 가치

성경을 관찰하는 자에게는 세 개의 눈이 있다고 말한다. 첫째가 "성령의 눈"이다. 성령님의 조명이 있어야만 "주의 말씀을 열면 빛이 비치어 우둔한 사람들을 깨닫게 하나이다"(시 119:130)가 가능한 것이다. 둘째는 "심령의 눈"이다. "내 눈을 열어서 주의 율법에서 놀라운 것을 보게 하소서"(시 119:18)하고 사모해야만 한다. 셋째는 "연필의 눈"이라고 확신을 가지고 말한다. 이 말은 성경을 눈으로만 보지 말고 분석도표를 작성해 보라는 말이다. 보이지 않던 것이 보이게 되리라. 자신도 놀라고 감탄해 할 것이다. 백문이 불여일견이다. 한 번 시도해 보라.

2. 한 눈에 전체를 볼 수 있는 가치

나무는 보고 숲은 보지 못한다는 말은 성경연구에서도 흔히 범하는 실수이다. 그러나 분석도표를 작성해 보라. 전체를 한 눈에 바라볼 수가 있다. 그러므로 결코 숲 속에서 길을 잃고 헤맬 염려가 없다. 원 줄기는 놓치고 지엽에 빠질 우려가 없다. 본문을 읽어놓고 엉뚱한 이야기를 하지 않게 해준다.

3. 각 부분을 통합하는 가치

분석도표를 작성하다 보면 보통 인쇄된 성경에서는 보이지 않던 공통점·대조점·비교·점진 등이 한 눈에 들어온다.

이를 도표를 통해서 분석하고 배열해 놓으면 시각적인 효과가 있고 감탄할 만큼 통일성과 연결점을 보게 될 것이다.

4. 중심주제를 강조할 수 있는 가치

성경에는 줄기 말씀도 있고 가지 말씀도 있다.

분석도표를 작성할 때에 중심주제나 핵심적인 말씀 등을 둘레 씌우기, 네모로 묶기, 선으로 연결하기, 글씨체를 달리하기, 색칠하기 등

다양한 표시를 하면 성경의 강조점을 선명하게 부각시킬 수가 있다.

본서에서는 그 장의 전체주제에는 굵은 선으로 된 네모로 묶어 강조점을 드러내고, 단원의 주제에는 가는 선으로 된 네모로 묶어서 표시하였다.

5. 기억과 연상에 도움을 주는 가치

대부분의 성도들은 지난 주일 설교제목도 기억하지 못한다.

분석도표를 작성하여 설교요약 대신 주보에 싣든가 복사해서 나누어 주고 말씀을 전하면 연상 효과는 놀랍게 나타난다. 도표를 보기만 해도 설교말씀이 떠오르게 되고 기억이 되살아나게 될 것이다. 구역예배나 소그룹모임 때 이를 가지고 나누게 해 보라. 좋은 제자훈련이 될 것이다.

6. 전달 훈련의 가치

자신은 알고 깨달았으나 이를 구역원들이나 다른 사람들에게 조리 있게 전달한다는 것은 쉬운 일이 아니다.

우선 자신이 없고 자칫하면 횡설수설 왔다갔다하기 쉽다. 이때 분석도표가 그에게 있다면 안심하고 차근차근 전달할 수 있게 해주는 길잡이 역할을 해준다.

레위기 1:1-9 분석도표

주제 : 레위기 한 번에 설교하기

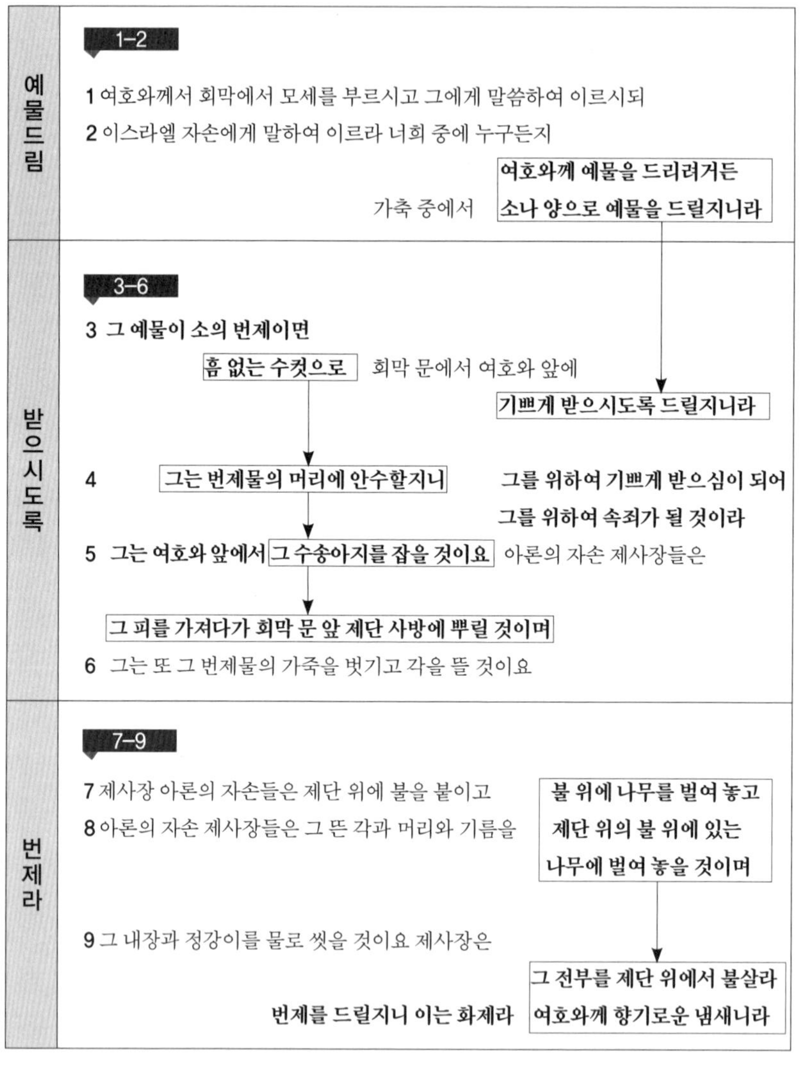

최우선적으로 실시해 보라고 강력히 추천하는 바이다.

레위기 1:1-9

레위기 한 번에 설교하기

설교 작성노트

성경은 문제에 대한 해답이요, 한 편의 복음이다. 죄가 들어오자 하나님은 "내가…하리라"(창 3:15)고 원시복음을 선언하셨다. 이 "복음"이 마지막 책, 마지막 부분에 이르러 "이루었도다"(계 21:6)고 완성이 되는 것이다. 신약성경은 "하나님의 아들 예수 그리스도의 복음의 시작이라"(막 1:1)고 시작이 되어, "내가 진실로 속히 오리라" 하시니, "아멘 주 예수여 오시옵소서"(계 22:20)하고 마치고 있다.

이처럼 복음은 구약에서 언약하신 바가 주님의 초림으로 성취가 되고 시작이 되어, 재림으로 끝을 맺고 완성이 되는 것이다. 만일 주님의 재림하심이 없다면 복음은 미완성에 그치게 되는 것이다.

그러므로 성경은 점들의 모임이 아니라 "선"(線), 즉 구속사인 것이다. 그런데 이를 끊어진 말씀으로 취급하다 보니 본의 아니게 하나님의 구원계획을 해체(解體)시키는 결과를 낳게 되고, 결과는 복음의 능력을 상실하고 만 것이다. 여러분의 휴대폰의 뚜껑을 열어 선 하나를 끊으면 어떻게 되겠는가? 놀라울 정도로 많은 기능들이 먹통이 되고 말 것이다.

이를 인식하는 자라면 66권의 책, 각권을 한 번에 설교하는 일에 도전해 보기를 강력히 추천하는 바이다. 이렇게 1년을 하고 나면 성경을 보는 설교자 자신의 눈이 밝아지게 되고 성도들은 뼈대가 튼튼한 신앙인이 될 것이다. 이를 위해서 "신구약 파노라마"라는 책을 발간했는데 이를 참고로 한다면 도움이 될 것이다. "레위기 한 번에 설교하기"는 이에 대한 본보기라 할 것이다.

강론

레위기는 꼭 있어야 할 자리에 놓여 있습니다. 왜냐하면 레위기는 출애굽기에서 완성이 된 성막(聖幕)을 어떻게 사용해야 하는가에 대한 해설(解說)서이기 때문입니다. 출애굽기는 마지막 장에서, "여호와의 영광이 성막에 충만하매”(출 40:34) 하고 마쳤는데, 레위기는 “여호와께서 회막에서 모세를 부르시고 그에게 말씀하여 이르시되”(1:1) 하고 시작이 됩니다.

하나님께서는 구약시대에 구원계시를, “여러 부분과 여러 모양으로”(히 1:1) 말씀하셨는데 레위기에 등장하는 “5대 제사, 대 속죄일, 3대 절기” 등은 한마디로 출애굽기에서, “내가 그들 가운데에서 행한 표징을 네 아들과 네 자손의 귀에 전하기 위함이라”(출 10:2)하신, “유월절 어린 양의 피”를 확대(擴大)해서 보여주시는 것이라 할 수가 있습니다.

① 그러므로 상기해야 할 요점은 시내산에 강림하신 하나님은 십계명의 “율법”만을 주신 것이 아니라, “내가 네게 보이는 모양대로 장막을 지으라”(출 25:8)고 “성막”도 주셨다는 점입니다. 그러므로 먼저 “율법”의 기능, 즉 율법이 할 수 있는 일이 무엇이며, 성막이 할 수 있는 기능은 무엇인가 하는 점에 확고해야만 레위기를 바로 이해할 수가 있는 것입니다.

㉠ 율법의 기능은 무엇인가? 크게 두 가지인데 첫째는, “율법으로는 죄를 깨달음이니라”(롬 3:20)한 죄를 깨닫게 하는 일을 합니다. 율법이 없으면 죄를 죄인 줄을 모릅니다.

㉡ 둘째는, “율법은 무엇이냐 범법하므로 더하여진 것이라”(갈 3:19),

즉 죄의 확산을 방지하기 위해서 주어진 것입니다. 법이 없으면 무법천지가 되기 때문입니다. 궁극적으로 율법은 우리의 "죄"라는 문제(問題)를 드러내어 그리스도에게로 인도하는 초등교사의 역할로 주어진 것입니다.

② 그러면 성막의 기능은 무엇인가?

㉠ 첫째는 "그들 중에 거할 성소"(출 25:8), 즉 하나님이 그들과 함께 하신다는 표징이요,

㉡ 둘째는 "거기서 내가 너와 만나고"(출 25:22)한, 하나님께 예배하며 교제하는 장소요,

㉢ 셋째는 율법으로 죄를 깨달은 자들이 "속죄제"를 드림으로 범한 죄를 사함을 받는 곳입니다. 한마디로 문제에 대한 해답(解答)으로 주어진 것이 성막인 것입니다.

그러니까 육신의 연약으로 말미암아 율법을 범하게 된 죄를 흠 없는 어린 양으로 속죄제를 드림으로 사함을 받았던 것입니다. 그러므로 율법이 정죄하고 죽이는 기능을 한다면, 성막은 대속(代贖)을 하여 살리는 기능을 한다는 말씀입니다. 이런 맥락에서 "성막"은 임마누엘의 모형이었던 것입니다.

③ 레위기는 크게 두 가지 주제로 되어 있습니다.

㉠ 첫째는 하나님 존전에서 추방을 당한 아담의 후예들이 어떻게 하나님 앞으로 돌아갈 수가 있는가를 계시해주고 있는데, 대속제물과 이를 드려줄 제사장을 통해서만이 가능해진다는 점입니다.

㉡ 둘째는 하나님과 교제를 지속해나가며 동행하는 삶을 살아가는 방도를 말씀해주고 있는데 비결은, "나는 너희의 하나님이 되려고 너희를 애굽 땅에서 인도하여 낸 여호와라 내가 거룩하니 너희도 거룩할지어다"(11:45)하신, "거룩"이라고 말씀합니다.

④ 주님께서 "인자가 온 것은 섬김을 받으려 함이 아니라 도리어 섬기려 하고 자기 목숨을 많은 사람의 대속물로 주려 함이니라"(마 20:28)고, "대속물"이라 말씀하신 것은 지금 상고하고 있는 레위기의 5대 제사를 염두에 두고 하신 말씀입니다. 그러므로 레위기를 알아야만 우리의 죄를 대속하기 위해서 십자가를 담당하신 복음을 알 수가 있습니다.

㉠ 또한 레위기를 알아야만 "하나님께서 받으시는" 바른 예배를 드릴 수가 있고, 레위기를 알아야만 "내가 거룩하니 너희도 거룩한 자가 되라" 하신 성화의 삶"을 살아갈 수가 있습니다. 드림은 우리에게 있지만 받으심의 여부는 하나님에게 있다는 점을 명심해야만 합니다.

㉡ 신약성경 중 히브리서는 레위기의 해설서라고 할 수가 있는데 제사제도 등을, "모형과 그림자"(히 8:5), 또는 "비유"라고 말씀하면서 "개혁(改革)할 때까지 맡겨 둔 것이니라"(히 9:9-10)합니다. 그러므로 이

러한 "모형·그림자·비유" 등을 해석할 때에 명심해야 할 점은, "이 비밀은 만세와 만대로부터 감추어졌던 것인데 이제는 그의 성도들에게 나타났고"(골 1:26)한, 밝히 드러난 복음의 빛을 받아서 해석해야한다는 점입니다. 그렇게 할 때에 의문(儀文)에 가려져 있던 복음이 비로소 빛을 발하게 되는 것입니다.

⑤ 레위기는 "번제·소제·화목제·속죄제·속건제" 등 5대 제사(1-7장)로 시작이 됩니다. 신약성경에 복음서가 네 개가 있는데, 하나의 복음을 네 방면으로 말씀하심과 같이 5대 제사도 그리스도께서 성취하여 주실 하나의 구속사역에 대한 예표인 것입니다.

㉠ 번제는 "나의 원대로 마옵시고 아버지의 원대로 하옵소서"(마 26:39) 한 전적인 헌신을 상징합니다.

㉡ 소제는 피 없이 드리는 제사인데, "모든 일에 우리와 똑같이 시험을 받으신 이로되 죄는 없으시니라"(히 4:15) 한 죄 없으신 순결한 삶을 상징합니다.

㉢ 화목제는 "하나님이 우리를 사랑하사 우리 죄를 속하기 위하여 화목제물로 그 아들을 보내셨음이라"(요일 4:10)를 상징하고,

㉣ 속죄제는 "자기 목숨을 많은 사람의 대속물로 주려 함이니라"(마 20:28)를 상징하고,

㉤ 속건제는 "그의 영혼을 속건제물로 드리기에 이르면 그가 씨를

보게 되며 그의 날은 길 것이요 또 그의 손으로 여호와께서 기뻐하시는 뜻을 성취하리로다"(사 53:10)를 의미합니다.

형제가 속죄제를 드린다고 생각해 보십시오. ㉮ 흠이 없는 정결한 짐승을 끌고 와서 ㉯ 안수하므로 자신의 죄를 제물에게 전가(轉嫁)시키고 ㉰ 잡아 ㉱ 제사장에 의해서 피는 뿌려지고 고기는 불태워 드려집니다. 형제는 틀림없이 눈물을 철철 흘리면서 속죄제를 드릴 것입니다. 하나님은 제사제도를 통해서 그리스도께서 담당하실 구속교리, 즉 십자가를 바라보게 하셨던 것입니다.

⑥ 레위기의 핵심 장은 16장입니다. 16장은 1년에 한 번 드려지는 대속제일에 관한 규례입니다. 대제사장이라 하여도 이날만 지성소에 들어가는 것이 허용이 됩니다. 그것도 그에게 자격이 있어서가 아니라 단번에 드려주실 대제사장이신 그리스도를 예표하기 때문입니다.

㉠ 대제사장은 속죄 제물로 숫염소 둘을 준비합니다. 그 중의 하나는 온 백성을 위한 속죄제로 드려집니다. "백성을 위한 속죄제 염소를 잡아 그 피를 가지고 휘장 안에 들어가서 그 피를 속죄소 위와 속죄소 앞에 뿌리라"(16:15) 하십니다. 어찌하여 대속의 피를 속죄소 "위와 앞에" 뿌리라 하시는지 형제는 말해줄 수가 있습니까?

㉡ 여기에 복음의 핵심이 있습니다. 하나님께서 우리를 보실 때에 속죄소 위에 뿌려진 "대속의 피"를 통해서 보신다는 것입니다. 또한 앞

에 뿌리라 하심도, "내가 피를 볼 때에 너희를 넘어가리니"(출 12:13)하신, 대속의 피를 통해서 보아주신다는 점을 나타냅니다. 하나님은 이 예표를 통해서 그리스도의 구속으로 말미암아 "피 아래, 은혜 아래, 십자가 아래" 있어야만 구원에 이를 수 있다는 복음을 계시해주시려는 것입니다. 이점을 신약성경에서는 "죄가 너희를 주장하지 못하리니 이는 너희가 법 아래에 있지 아니하고 은혜 아래에 있음이라"(롬 6:14)고 말씀합니다.

ⓒ 다른 한 마리 염소는, "아론은 그의 두 손으로 살아 있는 염소의 머리에 안수하여 이스라엘 자손의 모든 불의와 그 범한 모든 죄를 아뢰고 그 죄를 염소의 머리에 두어 미리 정한 사람에게 맡겨 광야로 보낼지니 염소가 그들의 모든 불의를 지고 접근하기 어려운 땅에 이르거든 그는 그 염소를 광야에 놓을지니라"(16:21-22) 하십니다.

이점을 시편 기자는 "동이 서에서 먼 것같이 우리 죄과를 우리에게서 멀리 옮기셨으며"(시 103:12)라고 찬양하고, 세례 요한은 "보라 세상 죄를 지고 가는 하나님의 어린 양이로다"(요 1:29)고 증언합니다. 하나님은 자기 아들을 통해서 우리의 죄를 대속해주실 복음을 이중(二重), 삼중(三重), 사중(四重)으로 계시해 주셨던 것입니다.

⑦ 23장에는 3대 절기인 "유월절·오순절·초막절"이 계시되어 있는

데, 3대 절기는 하나님의 구원계획을 집약해서 보여주는 절기입니다.

ⓐ 유월절은 그리스도께서 유월절의 양이 되어주심으로 성취가 되었습니다.

ⓑ 오순절은 성령강림으로 성취가 되었는데, 오순절 전에 "첫 이삭 한 단을 제사장에게로 가져갈 것이요"(23:10)한 초실절(初實節)이 있습니다. 이 "첫 이삭"은 유월절 어린 양으로 죽으셨다가, "죽은 자 가운데서 다시 살아나사 잠자는 자들의 첫 열매가 되셨도다"(고전 15:20)한 그리스도의 부활을 예표합니다.

⑧ 이제 한 가지 "초막절"의 절기만이 남은 것입니다. 초막절의 끝 날을 "큰 날"(요 7:37)이라 하는 것은 광야생활을 청산하고 드디어 약속의 땅에 입성하게 되었기 때문인데, 이는 그리스도의 재림(再臨)으로 성취될 예표입니다.

ⓐ 우리는 지금 초막절의 기간을 살아가고 있는 셈입니다. 이처럼 3대 절기는 하나님의 구원계획을 절묘할 정도로 집약해서 보여주고 있기 때문에 이를 잊지 않게 하시려고, "너의 가운데 모든 남자는 일 년에 세 번(3대 절기) 하나님께서 택하신 곳(예루살렘)에서 여호와께 보이라"(출 23:14, 신 16:16)고 명하신 것입니다.

ⓑ 이처럼 하나님은 자기 아들을 통해서 이루어주실 복음의 비밀을, "5대 제사, 대 속죄일, 3대 절기"라는 예표를 통해서 계시해주신 것

이 레위기입니다. 이제는 의문에 가려있던 복음이 실체가 오심으로 밝히 드러난 것입니다. 복음의 비밀을 이보다 더 알아듣기 쉽게 설명할 수가 있단 말인가?

⑨ 또한 예수 그리스도는 대속제물만 되어주신 것이 아닙니다. 이를 드려줄 대제사장도 되십니다. "또 관유를 (대제사장) 아론의 머리에 붓고 그에게 발라 거룩하게 하라"(8:12) 하신 것은 기름부음을 받은 자라는 "그리스도"에 대한 예표인 것입니다. 히브리서 8:1절에서는 "지금 우리가 하는 말의 요점은 이러한 대제사장이 우리에게 있다는 것이라"합니다.

㉠ "그러므로 자기를 힘입어 하나님께 나아가는 자들을 온전히 구원하실 수 있으니 이는 그가 항상 살아 계셔서 그들을 위하여 간구하심이라(히 7:25), 그러므로 우리에게 큰 대제사장이 계시니 승천하신 이 곧 하나님의 아들 예수시라 우리가 믿는 도리를 굳게 잡을지어다"(히 4:14) 합니다.

㉡ 그러므로 그리스도께서 대제사장이 되셔서 자신을 제물로 드려주시면서, "다 이루었다"(요 19:30)고 선언하셨을 때에야 1500년 동안 그토록 많은 제물이 드려졌어도 굳게 닫혀있던 휘장이 열려졌던 것입니다. "그러므로 형제들아 우리가 예수의 피를 힘입어 성소에 들어갈 담력을 얻었나니 그 길은 우리를 위하여 휘장 가운데로 열어 놓으신 새로

운 살 길이요 휘장은 곧 그의 육체니라 우리가 마음에 뿌림을 받아 악한 양심으로부터 벗어나고 몸은 맑은 물로 씻음을 받았으니 참 마음과 온전한 믿음으로 하나님께 나아가자"(히 10:19-22)고 말씀합니다.

⑩ 레위기의 또 하나의 주제(主題)는 어떻게 하면 하나님과의 교제를 지속(持續)하며 동행(同行)하는 삶을 살 수가 있는가 하는 문제입니다.

㉠ 후반부가 시작되는 18장에서 "너희는 너희가 거주하던 애굽 땅의 풍속을 따르지 말며 내가 너희를 인도할 가나안 땅의 풍속과 규례도 행하지 말라"(18:3)고 먼저 해서는 아니 될 것을 경계하십니다.

㉡ 그런 후에 준행해야 할 것을 말씀하시는데 한마디로 요약한 것이, "나는 너희의 하나님이 되려고 너희를 애굽 땅에서 인도하여 낸 여호와라 내가 거룩하니 너희도 거룩할지어다"(11:45) 하신 말씀입니다. 이처럼 "성별"의 삶을 사는 것이 하나님과 교제를 지속하며 동행하는 삶을 사는 비결입니다.

"5대 제사·3대 절기·대속죄 일" 등은 하나님께서 자기 아들을 통해서 이루어주실 하나님의 은혜요 복음입니다. 이를 통해서 문제에 대한 해답을 제시하시고, 하나님께 나아가는 길을 열어주신 것입니다. 이제 "참마음과 온전한 믿음"으로 하나님께 나아가야 하는 것은 우리가 굳게 잡아야 할 믿음이요, "내가 거룩하니 너희도 거룩할 지어다" 하신 성별의 삶을 살면서 하나님과 동행해야 하는 것은 우리들이 행해야할 윤리(倫理)입니다. 이것이 레위기를 한 눈으로 바라본 말씀입니다.

> 나의 영원하신 기업 생명 보다 귀하다
> 나의 갈길 다 가도록 나와 동행하소서
> 주께로 가까이 주께로 가오니
> 나의 갈길 다가도록 나와 동행 하소서 아멘. (435장)

레위기 1:1-9 분석도표

주제 : 번제를 드리신 그리스도의 예표

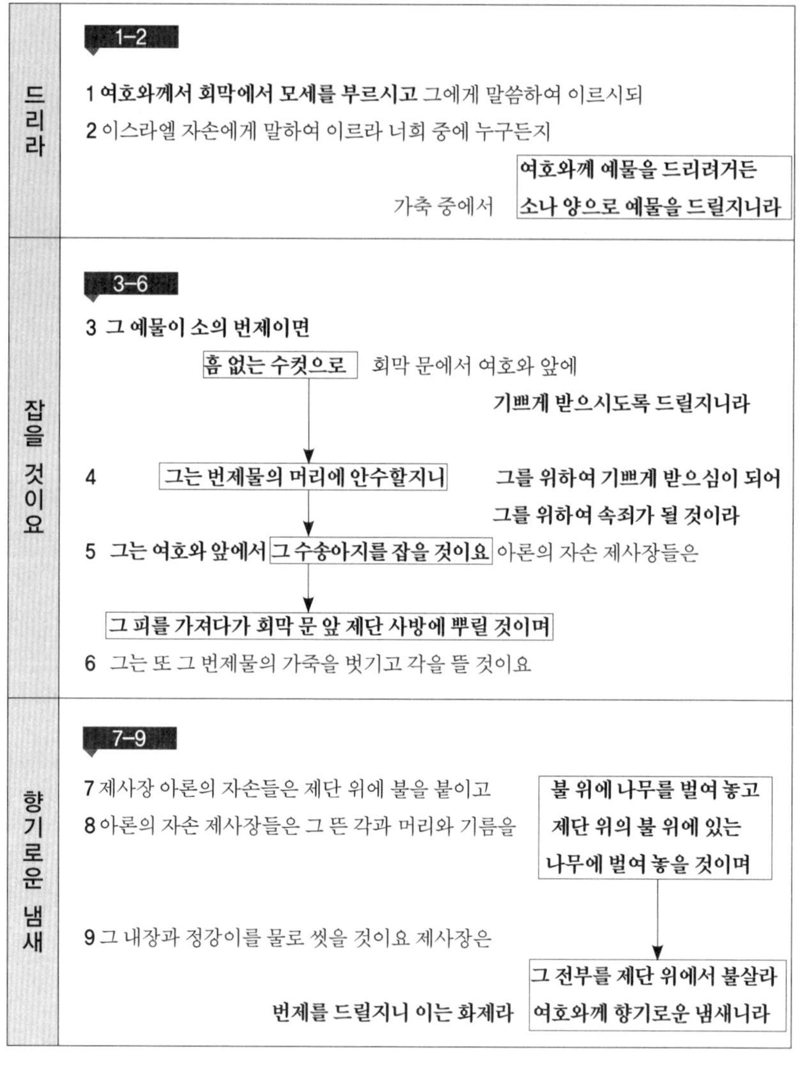

그리스도의 헌신을 예표하는 번제

설교 작성노트

레위기는 5대제사로 시작되고 있는데, 1장은 "번제"에 대한 규례이다. "그 예물이 소의 번제이면 흠 없는 수컷으로 회막 문에서 여호와 앞에 기쁘게 받으시도록 드릴지니라"(3)하신다. 그러면 응당 물어야 한다. "죄"가 들어오지 않았어도 우상에게 하듯 창조주 하나님께 가축을 잡아 제사하는 것이 합당한 예배인가? 하나님은 대답하신다. "내가 수소의 고기를 먹으며 염소의 피를 마시겠느냐"(시 50:13). 그러면 어찌하여 "기쁘게 받으시도록 드릴지니라"하시는가? 이를 증언하려는 것이 내용목적이다.

그리고 드리되 "기쁘게 받으시도록 드릴지니라(3), 여호와께 향기로운 냄새니라"(9, 13, 17)고 말씀하는데 우리의 예배가 하나님께서 "기쁘게 받으실 향기로운" 예배인가? 여기에 적용목적이 있는 것이다.

출애굽기에서는 하나님께서 "시내 산"에서 말씀하셨는데 레위기에서는, "회막에서 모세를 부르시고 그에게 말씀하여 이르시되"(1)하고 "회막"에서 말씀하십니다. 어찌하여 성막이라 하지 않고 "회막"(會幕)이라 하는가? "내가 거기서 너와 만나고"하신 만남의 장소이기 때문입니다.

① 우선적으로 하신 말씀이, "여호와께 예물을 드리려거든 가축 중에서 소나 양으로 예물을 드릴지니라"(2)하신 제사제도입니다. 그러면 당연히 물어야 마땅합니다. "죄"가 들어오지 않았어도 우상에게 하듯이 창조주 하나님께 가축을 잡아 제사하는 것이 합당한 예배인가? 하나님은 대답하십니다. "내가 수소의 고기를 먹으며 염소의 피를 마시겠느냐"(시 50:13).

간디가 영국 유학시절 친구가 성경을 선물로 주면서 읽어보라는 권유를 받았다 합니다. 성경을 읽어 내려가던 간디는 레위기의, "그는 또 그 번제물의 가죽을 벗기고 각을 뜰 것이요"(6)라는 제사제도에 이르게 되자 성경 읽기를 접었다고 합니다. 이런 일이 어찌 간디에게 국한된 일이겠습니까? 현대인들은 이지적이라 합리적으로 이해가 되는 것만을 취하려고 합니다.

㉠ 그러면 하나님께서 어찌하여 제사제도를 명하셨을까요? 자기 아들을 대속제물로 삼으셔서 인류를 구원하시려는 복음을 제사제도 외에는 달리는 설명할 길이 없었기 때문입니다. 그러므로 하나님께서 명하시는 "제사 제도"는 크게 두 가지 의미로 주어진 것입니다. 첫째로 교훈적인 의미인데 "제사 드림"이 구약교회의 예배, 즉 하나님과의 교제였던 것입니다. 죄를 범함으로 하나님과 단절이 되고 추방을 당한 인간은 대속제물과 이를 드려줄 제사장의 중보를 통해서만 하나님과 교제할 수가 있었던 것입니다.

㉡ 둘째는 보다 중요한 신학적인 의미인데 성경에 등장하는 제사제도는 그리스도께서 담당하실 대속제물의 예표로 주어진 것입니다. 하나님께서 자기 아들을 통하여 행해주실 불가사의한 구속사역을 어린아이와 같은 자들에게 이해할 수 있게 하기 위해서는 이런 실물 교훈적인 방법 외에는 달리는 설명할 방도가 없었던 것입니다.

다시 말하면 제사제도를 명하신 의도는 아브라함에게 세워주신 메시아언약, 출애굽을 가능하게 한 유월절 어린 양의 피로 구속함을 얻었다는 구속교리를 망각하지 않고 실체로 오실, "세상 죄를 지고 가는 하나님의 어린 양"을 바라고 기다리게 하기 위해서 주어진 것입니다. 그러므로 메시아언약을 망각한 채 제사를 드린다면 아무 의미가 없을 뿐만이 아니라, 도리어 "우상숭배"(사 66:3)와 같아서 하나님을 모독하는 것이 되는 것입니다.

② 형제는 하나님께서 "드리라"하시니까 혹시나, "받기를 좋아하시는 하나님"으로 인식하고 있지는 아니 합니까? 아닙니다. "드리라"하시는 것이 표면적으로는 사람이 행해야 할 일 같지만 이를 구속사라는 넓은 맥락으로 보면, "하나님이 우리를 사랑하사 우리 죄를 속하기 위하여 화목제물로 그 아들을 보내셨음이라"(요일 4:10), 즉 하나님께서 우리에게 "주실 것", 그것도 자기 아들을 대속제물로 내어주실 것에 대한 예표라는 점을 잊지 말아야만 하는 것입니다.

㉠ 이점이 "그 예물이 소의 번제이면(3), 만일 그 예물이 양이나 염소의 번제이면(10), 만일 예물이 새의 번제이면"(14)하는 말씀에도 나타납니다. 제물 중에 가장 비싼 것이 "소"요, 다음은 "양, 염소"인데 하나님께서는 가난한 자를 배려하셔서 "새"로 제물을 삼는 것을 허락을 하셨던 것입니다. 이는 제물 자체에 의미가 있는 것은 아니라는 점을 나타냅니다.

㉡ 하나님은 그리스도께서 우리의 대속제물이 되어주실 "한 가지" 예표를 "번제·소제·화목제·속죄제·속건죄" 등 5대 제사를 통해서 계시하시려는 것입니다. "복음서"도 4개가 있는데 그렇다고 복음이 네 개가 있는 것은 아니듯이 주님이 담당하실 십자가 사건을 어느 한 제사만으로는 온전히 설명할 수가 없기 때문입니다. 그러므로 5대 제사는 실상은 출애굽기에서 계시하신, "유월절 어린 양"에 대한 확대(擴大)라는 점을 인식해야만 합니다.

③ 5대 제사 중 제일 먼저 "그 예물이 소의 번제이면"(3)하고, "번제"에 대해서 말씀하십니다. "번제"란 "그 전부(全部)를 제단 위에서 불살라 번제를 드릴지니"(9)하신 남김없이 전부를 드리는 제사입니다. 그러므로 "번제"는 주님께서 최후 기도에, "내 아버지여 만일 할 만하시거든 이 잔을 내게서 지나가게 하옵소서 그러나 나의 원대로 마시옵고 아버지의 원대로 하옵소서"(마 26:39)하고, "죽기까지 복종"(빌 2:8)하신, 즉 전적으로 헌신하신 그리스도를 예표합니다.

㉠ 번제를 드리는 절차를 보면 첫째로 "흠 없는 수컷으로"하라 하십니다. "흠 없는 자기를 하나님께 드린 그리스도의 피가 어찌 너희 양심을 죽은 행실에서 깨끗하게 하고 살아 계신 하나님을 섬기게 하지 못하겠느냐"(히 9:14)한, 그리스도의 예표이기에 "흠이 없어야" 한다는 것입니다.

㉡ 둘째로 "그는 번제물의 머리에 안수할지니"(4) 하십니다. "안수"라는 의미가 중요한데, "너와 나는 하나다" 하는 연합(聯合)의 의미가 있고, 내 죄를 제물에게 전가(轉嫁)시킨다는 의미가 있기 때문입니다. 이 점이 대 속죄일에 대제사장이, "그의 두 손으로 살아 있는 염소의 머리에 안수하여 이스라엘 자손의 모든 불의와 그 범한 모든 죄를 아뢰고 그 죄를 염소의 머리에 두어 미리 정한 사람에게 맡겨 광야로 보낼지니"(16:21) 하신 말씀에 분명히 나타납니다.

㉢ 셋째로 "그는 여호와 앞에서 그 수송아지를 잡을 것이요"(5상) 합

니다. 번제를 드리는 장본인이 "안수하고 여호와 앞에서 잡으라" 하시는 것입니다. 제물은 반드시 죽어야만 합니다. 왜냐하면 "죄 값은 사망"이기 때문입니다. 그러니까 수송아지는 나의 죄를 짊어지고 나를 대신(代身)하여 죽임을 당한다는 것을 나타냅니다.

ㄹ 넷째로 "아론의 자손 제사장들은 그 피를 가져다가 회막 문 앞 제단 사방에 뿌릴 것이며"(5하) 하십니다. "잡을 것이요"로 끝나는 것이 아니라 흘린 피를, "뿌릴 것이요"한 "뿌림"의 의미가 중요합니다. 제물이 죽임을 당하고 피를 흘렸어도 그 피가 "뿌려지지" 않는다면 나와는 상관이 없는 것이 되기 때문입니다.

보십시오. 출애굽 당시 유월절 양의 피가 이스라엘 집 대문에 뿌려짐으로만이, "피를 보시고 넘어가심"으로 장자들이 죽임을 당하지 않고 구원을 얻을 수가 있었던 것입니다. "생명"이 피에 있고, 흘린 피는 죽음을 의미합니다. 그리고 흘린 피가 "뿌린 피"가 되어야만 내게 효험이 있는 것입니다.

ㅁ 다섯째로 "제사장은 그 전부를 제단 위에서 불살라 번제를 드릴지니"(9상) 합니다. "불로 사르라"하심은 주님께서 받으실 고난을 상징합니다. 형제가 이처럼 "번제"를 드린다고 생각해보십시오. "안수"하여 자신의 죄를 전가시켜 "잡을 것이요", 즉 제물은 내 죄를 짊어지고 내 대신 죽임을 당하는 것입니다. 형제는 틀림없이 눈물을 철철 흘리면서 드리게 될 것입니다. 하나님은 이를 기대하시는 것입니다.

ⓑ 마지막으로 "이는 화제라 여호와께 향기로운 냄새니라"(9하)합니다. 어찌하여 제물이 타는 냄새를 "향기로운 냄새"라 하는지 아시겠습니까? 주님은 십자가를 앞에 놓으시고, "내가 이를 위하여 이때에 왔나이다"하시면서, "아버지여, 아버지의 이름을 영광스럽게 하옵소서"(요 12:27-28)라고 기도하셨습니다. 하나님 아버지의 이름을 영광스럽게 하는 것이기에 "향기로운 냄새"라 하시는 것입니다.

마지막으로 명심해야 할 말씀이 있습니다. 그것은 "기쁘게 받으시도록 드릴지니라"(3)한 말씀입니다. "가인과 그의 제물은 받지 아니하신지라"(창 4:5) 한 것이 마지막이 아니라 시작일 뿐입니다. 이사야 때도, "너희가 내 앞에 보이러 오니 이것을 누가 너희에게 요구하였느냐 내 마당만 밟을 뿐이니라"(사 1:12)하시고, 구약의 마지막 시대인 말라기에서도, "너희 중에 성전 문을 닫을 자가 있었으면 좋겠도다 내가 너희를 기뻐하지 아니하며 너희가 손으로 드리는 것을 받지도 아니하리라"(말 1:10)하십니다. 그렇다면 구약교회는, 하나님께서 "기쁘게 받으시도록" 예배를 드린 시기가 얼마나 되었단 말인가? 이는 오늘의 우리 예배를 점검하게 합니다.

④ 그러면 이 "번제"가 우리에게는 어떻게 적용이 되는가 하는 점입니다. "그러므로 형제들아 내가 하나님의 모든 자비하심으로 너희를 권

하노니 너희 몸을 하나님이 기뻐하시는 거룩한 산 제물로 드리라 이는 너희가 드릴 영적 예배니라"(롬 12:1)한, 전적인 헌신의 삶으로 적용이 됩니다.

형제는 가장 바른 기도요 가장 하기 힘든 기도가 무엇이지 아십니까? 주님께서 십자가를 앞에 놓고, "나의 원대로 마옵시고 아버지 원대로 하옵소서"하신, 전적으로 의뢰하고 의탁하는 기도입니다.

㉠ 신약성경은, "너희 몸은 너희가 하나님께로부터 받은바 너희 가운데 계신 성령의 전인 줄을 알지 못하느냐 너희는 너희 자신의 것이 아니라 값으로 산 것이 되었으니 그런즉 너희 몸으로 하나님께 영광을 돌리라"(고전 6:19-20) 합니다. 또한 "그런즉 너희가 먹든지 마시든지 무엇을 하든지 다 하나님의 영광을 위하여 하라"(고전 10:31) 하십니다. 이것이 번제의 삶입니다.

㉡ 우리의 예배와 헌신을, "여호와께 향기로운 냄새니라" 하시면서 기쁘게 받으신다는 것이 얼마나 복된 일입니까! 이것이 "그리스도의 헌신을 예표하는 번제"입니다.

값비싼 향유를 주께 드린 막달라 마리아 본받아서

향기론 산 제물 주님께 바치리

사랑의 주 내 주님께

인생의 황혼이 깃들어서 이 땅의 수고가 끝날 때에

주님을 섬기다 평안히 가리다

사랑의 주 내 주님께. (21장)

레위기 2:1-16 분석도표

주제 : 소제의 삶을 사신 그리스도의 예표

1-10

1 누구든지 소제의 예물을 여호와께 드리려거든

고운 가루로 예물을 삼아
그 위에 기름을 붓고
또 그 위에 유향을 놓아

2 아론의 자손 제사장들에게로 가져갈 것이요 제사장은
그 고운 가루 한 움큼과 기름과 그 모든 유향을 가져다가 기념물로 제단 위에서 불사를지니
이는 화제라 여호와께 향기로운 냄새니라

3 그 소제물의 남은 것은 아론과 그의 자손에게 돌릴지니
이는 여호와의 화제물 중에 지극히 거룩한 것이니라

4 네가 화덕에 구운 것으로 소제의 예물을 드리려거든 고운 가루에 기름을 섞어 만든 무교병이나
기름을 바른 무교전병을 드릴 것이요

5 철판에 부친 것으로 소제의 예물을 드리려거든 고운 가루에 누룩을 넣지 말고 기름을 섞어

6 조각으로 나누고 그 위에 기름을 부을지니 이는 소제니라

7 네가 냄비의 것으로 소제를 드리려거든 고운 가루와 기름을 섞어 만들지니라

8 너는 이것들로 만든 소제물을 여호와께로 가져다가 제사장에게 줄 것이요
제사장은 그것을 제단으로 가져가서

9 그 소제물 중에서 기념할 것을 가져다가 제단 위에서 불사를지니
이는 화제라 여호와께 향기로운 냄새니라

10 소제물의 남은 것은 아론과 그의 아들들에게 돌릴지니
이는 여호와의 화제물 중에 지극히 거룩한 것이니라

11-16

11 너희가 여호와께 드리는 모든 소제물에는 누룩을 넣지 말지니 너희가 누룩이나
꿀을 여호와께 화제로 드려 사르지 못할지니라

12 처음 익은 것으로는 그것을 여호와께 드릴지나
향기로운 냄새를 위하여는 제단에 올리지 말지며

13 네 모든 소제물에 소금을 치라 네 하나님의 언약의 소금을 네 소제에 빼지 못할지니
네 모든 예물에 소금을 드릴지니라

14 너는 첫 이삭의 소제를 여호와께 드리거든 첫 이삭을 볶아 찧은 것으로 네 소제를 삼되

15 그 위에 기름을 붓고 그 위에 유향을 더할지니 이는 소제니라

16 제사장은 찧은 곡식과 기름을 모든 유향과 함께 기념물로 불사를지니 이는 여호와께
드리는 화제니라

고운가루 기름 유향

소금을 치라

그리스도의 순결한 생애를 예표하는 소제

설교 작성노트

2장은 "소제"(素祭)에 대한 규례다. 소제는 5대제사 중에 유일하게 "피"가 없는 제사다. "피"가 없는 소제는 죽어서 드리는 제사가 아니라 산 제사이다. 주님은 십자가를 지심으로만이 자신을 드리신 것이 아니다. "나를 보내신 이가 나와 함께 하시도다 나는 항상 그가 기뻐하시는 일을 행하므로 나를 혼자 두지 아니 하셨느니라"(요 8:29)고 말씀하신다. 그러므로 소제는 "그리스도의 순결한 생애"를 예표하고 있다. 이를 증언하려는 것이 내용목적이다.

"소제"는 "고운 가루"를 기본으로 하여 꼭 넣어야 할 것과 넣어서는 안 되는 것이 있다. 여기에 적용목적이 있다 하겠다.

2장은 "소제"(素祭)에 대한 규례입니다. 소제는 5대제사 중에 유일하게 "피"가 없는 제사입니다. "피"가 없는 소제는 죽어서 드리는 제사가 아니라 "산 제사"임을 나타냅니다. 주님은 십자가를 지심으로만이 아버지께 헌신하신 것이 아니라, "내가 하늘에서 내려온 것은 내 뜻을 행하려 함이 아니요 나를 보내신 이의 뜻을 행하려 함이니라(6:38), 나를 보내신 이가 나와 함께 하시도다 나는 항상 그가 기뻐하시는 일을 행하므로 나를 혼자 두지 아니 하셨느니라"(요 8:29)고 전 생애가 헌신의 삶이었던 것입니다.

신약성경은 증언하기를 예수님은, "모든 일에 우리와 똑같이 시험을 받으신 이로되 죄는 없으시니라"(히 4:15)고 말씀합니다. 그러므로 소제는 "그리스도의 순결한 생애"를 예표하는 제사입니다.

① "누구든지 소제의 예물을 여호와께 드리려거든"하십니다. 어떤 방법으로 드려야 하는가? "고운 가루로 예물을 삼아 그 위에 기름을 붓고 또 그 위에 유향을 놓아라"(1) 하십니다.

㉠ 첫째로 소제의 주 제물은 "고운 가루"라 한, 곡물입니다. 그러니까 "번제"로 드리는 제물이 "흠이 없어야" 함을 강조하고 있다면, 소제의 제물은 "고운 가루"라야 한다는 점을 강조(1, 4, 5, 7)하고 있음을 명

심해야만 합니다. 이는 1차적으로 주님의 순결한 인성(人性)을 나타내는 것입니다만 "고운 가루"라는 묘사에는 삶을 뻥튀기처럼 사는 것이 아니라 분분 초초의 단위로, 즉 "주여 진실하게 하소서 오늘 하루하루 순간을"과 같은 삶을 살아감을 의미한다 하겠습니다.

ⓛ 둘째로, "기름"이라는 말이 9번이나 등장하는데 고운 가루에 "그 위에 기름을 부으라"(1, 6, 15)고 말씀한다면 이는 주님께서, "주의 성령이 내게 임하셨으니"(눅 4:18) 한 "성령"에 대한 상징인 것이 됩니다. 이 점이 성도들에게는, "오직 성령이 너희에게 임하시면 너희가 권능을 받고, 내 중인이 되리라"(행 1:8)로 적용이 될 수가 있습니다.

ⓒ "그 위에 유향을 놓아라"(1, 2, 15, 16)고 말씀합니다. "향기"가 있는가 여부는 "생화와 조화, 산 믿음과 죽은 믿음"의 차이라 할 것입니다. 이상 살펴본 대로 소제의 기본은 "고운가루+기름+유향=소제"가 됩니다. 이는 우리가 본받아야 할 주님의 신앙인격과 삶을 상징적으로 나타낸 것이라 할 수가 있습니다.

② "아론의 자손 제사장들에게로 가져갈 것이요 제사장은 그 고운 가루 한 움큼과 기름과 그 모든 유향을 가져다가 기념물로 제단 위에서 불사를지니 이는 화제라 여호와께 향기로운 냄새니라"(2) 합니다. 이 말씀에도 명심해야 할 점이 나타나는데, "화제라 향기로운 냄새니라"하신 점입니다.

㉠ 첫째는, "여호와께 향기로운 냄새니라"는 의미인데 이점을 사도 바울은, "항상 우리를 그리스도 안에서 이기게 하시고 우리로 말미암아 각처에서 그리스도를 아는 냄새를 나타내시는 하나님께 감사하노라"(고후 2:14)고 말씀합니다. 그런즉 향기로운 냄새란, "너희가 먹든지 마시든지 무엇을 하든지 다 하나님의 영광을 위하여 하라"(고전 10:31)는 뜻이 되는 것입니다.

㉡ 둘째로, "화제"라는 말씀인데 "화제"란 불살라 드리는 제사를 가리킵니다. 번제만이 아니라 소제에도 "화제"(火祭)라는 말이 5번이나 등장한다는 점입니다. 이는 그리스도의 향기를 풍기는 소제의 삶을 산다는 것은 고난의 길임을 나타냅니다. 이점을 주님은, "의를 위하여 박해를 받은 자는 복이 있나니 천국이 그들의 것임이라"(마 5:10)고 말씀하십니다. 모든 그리스도인들이 이런 소제의 삶을 살기만 한다면 더 바랄 것이 무엇이 있겠습니까?

③ 다음으로 소제물에 첨부해서는 아니 될 금기(禁忌)사항인데 이는 설교자들이 명심해야 할 점이라 하겠습니다. "너희가 여호와께 드리는 모든 소제물에는 누룩을 넣지 말지니 너희가 누룩이나 꿀을 여호와께 화제로 드려 사르지 못할지니라"(11) 합니다. 이처럼 "소제"에 넣어서는 안 되는 점을 경계하신다는 것은 이렇게 할 가능성이 있기 때문인 것입니다.

㉠ "누룩을 넣지 말지니"라고 금하시는데, "누룩"은 작은 것이 온 덩어리에 퍼지는 죄를 상징하는 것으로, "유월절"을 경험한 사람들은 누룩 없는 "무교절"을 지켜야 한다는 것은 너무나 당연한 것입니다.

㉡ 그런데 의외라 싶게 "꿀을 여호와께 화제로 드려 사르지 못할지니라"(11하)고 경계하십니다. 잠언에서는, "대저 음녀의 입술은 꿀을 떨어뜨리며 그의 입은 기름보다 미끄럽다"(잠 5:3)고 경계하는데 사도 바울은, "너희도 알거니와 우리가 아무 때에도 아첨하는 말이나 탐심의 탈을 쓰지 아니한 것을 하나님이 증언하시느니라"(살전 2:5). 즉, "꿀"을 넣지 않았다고 말씀합니다.

그런데 12절을 보면, "처음 익은 것으로는 그것(꿀)을 여호와께 드릴지나 향기로운 냄새를 위하여는 제단에 올리지 말지며" 하십니다. 무슨 뜻이냐 하면 "꿀"을 예물로 드릴 수는 있다는 것입니다. "꿀"은 당시에는 황금같이 귀한 것이었을 것입니다. 그러므로 "예물"로는 드릴 수가 있으나 그러나, "제단"(祭壇)에 올리지는 말라, 즉 꿀을 섞은 설교는 해서는 안 된다는 뜻이 되는 것입니다. 그래서 사도 바울은 거짓 교사들이, "우리 주 그리스도를 섬기지 아니하고 다만 자기들의 배만 섬기나니 교활한 말과 아첨하는 말로 순진한 자들의 마음을 미혹하느니라"(롬 16:18)고 경계했던 것입니다.

④ 그런 후에 긍정적으로, "네 모든 소제물에 소금을 치라 네 하나님의 언약의 소금을 네 소제에 빼지 못할지니 네 모든 예물에 소금을 드릴지니라"(13)고 반드시 넣어야 할 것을 말씀하십니다.

㉠ "소금"은 누룩과는 정반대의 특성을 나타내는 것으로 본문이 해설해주고 있는 대로 변함이 없는 "언약"에 대한 상징입니다. 에스겔서에서는 회복을 말씀하는 문맥에서 "그 위에 소금을 쳐서 나 여호와께 번제로 드릴 것이며"(겔 43:24)라고, 심지어 번제에도 "소금"을 치라 하십니다. 왜냐하면 그들을 돌아오게 하리라 하신 언약은 변함이 없는 "영원한 소금 언약"(민 18:19)이었기 때문입니다.

㉡ 나아가 "소금을 네 소제에 빼지 못할지니" 하신 말씀에는, "너희는 세상의 소금이니 소금이 만일 그 맛을 잃으면 무엇으로 짜게 하리요 후에는 아무 쓸 데 없어 다만 밖에 버려져 사람에게 밟힐 뿐이니라"(마 5:13)하신 교훈적인 의미도 있다 하겠습니다.

소제를 요약해서 도식으로 나타내면, "고운가루+기름+유향+소금-누룩-꿀=소제"가 됩니다. 주님 자신이 이러한 소제의 삶을 사셨습니다. 그렇다면 그의 제자 된 우리의 삶도 "고운 가루 위에 기름을 붓고 그 위에 유향을 놓고 소금을 더한" 삶을 살기를 사모해야 마땅할 것입니다.

⑤ "그 소제물의 남은 것은 아론과 그의 자손에게 돌릴지니 이는 여

호와의 화제물 중에 지극히 거룩한 것이니라"(3) 합니다. 10절에서도 "소제물의 남은 것은 아론과 그 아들들에게 돌리라", 즉 제사장의 식물로 삼으라 하십니다.

㉠ 여기에 "번제"와 다른 특성이 나타나는데 "번제"는 "그 전부를 제단 위에서 불살라 번제를 드릴지니"(1:9) 했는데, "소제"에 있어서는 "남은 것은 아론과 그 자손에게 돌릴지니", 즉 제사장들이 먹으라 하십니다. 이는 "교제, 나눔"을 의미하는데 "소제의 삶"을 산다는 것은 하나님께 드리는 하나님 사랑만이 있는 것이 아니라, 이웃과 나누는 "이웃 사랑"도 있다는 점입니다.

이점을 신약성경에서는 "잘 다스리는 장로들은 배나 존경할 자로 알되 말씀과 가르침에 수고하는 이들에게는 더욱 그리할 것이니라 성경에 일렀으되 곡식을 밟아 떠는 소의 입에 망을 씌우지 말라 하였고 또 일꾼이 그 삯을 받는 것은 마땅하다 하였느니라"(딤전 5:17-18)고 말씀합니다.

㉡ 이는 "지극히 거룩한 것이니라"(3, 10) 합니다. 하나님께 드린 소제물을 먹을 수 있다는 것은 제사장들에게 주어진 특권이요, 오늘날에는 왕 같은 제사장들에게만 허락이 된 "특별은총"인 것입니다. 그리스도께서 대속제물이 되심은 먼저는 하나님의 영광을 위해서요, 우리에게는 "생명의 떡"(요 6:35)으로 주셨는데 그래서, "지극히 거룩한 것이라"하십니다. 그러므로 "설교"는 하나님 앞에서 행해지는 예배일뿐만

이 아니라 성도들에게는 나눠주는 영의 양식인 것입니다.

이상에서 살펴본 대로 "소제"는 그 어느 제사보다도 우리에게 적용되어야 할 의미가 크다 하겠습니다. 사도 바울은 로마서에서 교리부분의 강론을 마친 후 첫째로 "그러므로 형제들아 내가 하나님의 모든 자비하심으로 너희를 권하노니 너희 몸을 하나님이 기뻐하시는 거룩한 산 제물로 드리라 이는 너희가 드릴 영적 예배니라"(롬 12:1)고 권면하는데 "산 제물로 드리라"는 이것이 소제의 삶인 것입니다.

다시 말하면 그리스도인이란 주일날만 주의 날이 아니라 월요일에서 토요일까지 365일 전부가 "주의 날"이요, 예배시간만 예배를 드리는 것이 아니라 "삶" 전체가 하나님 앞에 드리는 "예배"요, 그리스도인이 하는 모든 일이 "주의 일"이라는 고백이 있어야 한다는 뜻입니다.

오늘날은 "신앙과 삶"의 괴리(乖離) 현상이 두드러지게 나타나고 있는데 이점을 호세아서는 "그는 곧 뒤집지 않은 전병이로다"(호 7:8)합니다. 무슨 뜻이냐 하면 한 쪽은 너무 타서 먹을 수가 없고 다른 한 쪽은 익지 않아서 먹을 수가 없는 이중적인 삶이라는 뜻입니다. 주님은 "회칠한 무덤 같다"(마 23:27)고 책망하십니다.

그러므로 소제는 단독(單獨)으로 드려지는 제사가 아니라 번제, 속죄제 등 "피 흘리는" 다른 제사와 함께 드려지는 제사입니다. 이는 무엇을 의미하느냐 하면 소제의 삶, 즉 "성화의 삶"을 살 수 있는 원동력은 속죄의 은총에서 나오는 "사랑의 강권"(고후 5:14)을 받는 삶, 즉 복음이 이끄는 삶임을 나타냅니다. 이것이 "그리스도의 순결한 생애를 예표하는 소제"입니다.

샤론의 꽃 예수 나의 마음에 거룩하고 아름답게 피소서

내 생명이 참 사랑의 향기로 간데 마다 풍겨나게 하소서

예수 샤론의 꽃 나의 맘에 사랑으로 피소서

샤론의 꽃 예수 길이 피소서 주의 영광 이 땅 위에 가득해

천하 만민 주님 앞에 엎드려 경배하며 영광 돌릴 때까지

예수 샤론의 꽃 나의 맘에 사랑으로 피소서. (89장)

레위기 3:1-11 분석도표

주제 : 화목제물이 되신 그리스도의 예표

1-5

1 사람이 만일 화목제의 제물을 예물로 드리되

소로 드리려면   수컷이나 암컷이나

흠 없는 것으로 여호와 앞에 드릴지니

2 그 예물의   **머리에 안수하고**   회막 문에서

잡을 것이요   아론의 자손 제사장들은

그 피를 제단 **사방에 뿌릴 것이며**

3 그는 또 그 화목제의 제물 중에서 여호와께 화제를 드릴지니 곧 내장에 덮인 기름과 내장에 붙은 모든 기름과

4 두 콩팥과 그 위의 기름 곧 허리 쪽에 있는 것과 간에 덮인 꺼풀을 콩팥과 함께 떼어낼 것이요

5 아론의 자손은 그것을 제단 위의 불 위에 있는 나무 위의 번제물 위에서 사를지니

이는 화제라 여호와께 향기로운 냄새니라

6-11

6 만일 여호와께 예물로 드리는 **화목제의 제물이 양이면** 수컷이나 암컷이나

흠 없는 것으로 드릴지며

7 만일 그의 예물로 드리는 것이 어린 양이면 그것을 여호와 앞으로 끌어다가

8   그 예물의 **머리에 안수하고**

회막 앞에서 **잡을 것이요** 아론의 자손은

그 피를 제단 사방에 뿌릴 것이며

9 그는 그 화목제의 제물 중에서 여호와께 화제를 드릴지니 그 기름 곧 미골에서 벤 기름진 꼬리와 내장에 덮인 기름과 내장에 붙은 모든 기름과

10 두 콩팥과 그 위의 기름 곧 허리 쪽에 있는 것과 간에 덮인 꺼풀을 콩팥과 함께 떼어낼 것이요

11 제사장은 그것을 제단 위에서 불사를지니

이는 화제로 여호와께 드리는 음식이니라

소로 드리려면

양으로 드리려면

화목제물이 되신 그리스도의 예표

설교 작성노트

3장은 "화목제"에 대한 규례다. 이는 "하나님이 우리를 사랑하사 우리 죄를 속하기 위하여 화목제물로 그 아들을 보내셨음이라"(요일 4:10)에 대한 예표이다. 왜 하나님의 아들 그리스도께서 "화목제물"이 되셔야만 했는가? 이를 증언하고자 하는 것이 내용목적이다.

나아가 주님은 팔복을 말씀하시는 중에 "화평하게 하는 자는 복이 있나니 그들이 하나님의 아들이라 일컬음을 받을 것임이요"(마 5:9)라고 말씀하시고 사도는 "할 수 있거든 너희로서는 모든 사람과 더불어 화목하라"(롬 12:18)고 권면하는데, 여기에 적용목적이 있다 하겠다.

강론

3장은, "화목제"에 대한 규례입니다. 먼저 확고해야 할 점은 "화목제"란, "이 예수를 하나님이 그의 피로써 믿음으로 말미암는 화목제물(和睦祭物)로 세우셨으니"(롬 3:25)에 대한 예표라는 점입니다. 자기 아들을 "화목제물"로 세우신 분은 "하나님"이시라고 말씀합니다. 그러면 어찌하여 "화목제물"이 필요하게 되었는가?

그 원인을 이사야서에서는, "오직 너희 죄악이 너희와 너희 하나님 사이를 갈라놓았고 너희 죄가 그의 얼굴을 가리어서 너희에게서 듣지 않으시게 함이니라"(사 59:2), 즉 "죄" 때문에 하나님과 불화하게 되었기 때문이라고 말씀합니다.

① "사람이 만일 화목제의 제물을 예물로 드리되 소로 드리려면"(1상), 어떻게 해야 하는가? 화목제 제물로는 "소(1)·양(6)·염소"(12) 등이 있습니다. 그 중 "소"는 제일 비싸고 염소는 제일 싼 제물인데 형편을 감안하신 조치입니다. 그런데 번제에는 "새"(1:14)로도 드릴 수가 있었는데 "화목제"에는 없습니다. 왜냐하면 화목제는 기름 등 중요한 부분만을 화제로 불살라 드리고 "화목제물의 고기는 드리는 그 날에 먹을 것이요"(7:15)한, 드리는 자도 함께 먹는 일종의 잔치인데 "새"로는 나눔이 불가능하기 때문입니다.

이처럼 화목제란 수직적으로는 "하나님과의 교제"요, 수평적으로는 "이웃과의 교제"라는 의미가 있는 것입니다. 우리는 매일 매일 하나님과의 교제의 식탁에 참여하고 있는 것입니다. 그런데 제물이 무엇이든 불변(不變)의 원칙이 있다는 점을 명심해야만 합니다.

㉠ 첫째는, "수컷이나 암컷이나 흠 없는 것으로 여호와 앞에 드릴지니"(1하) 합니다. 이는 흠이 없으신 그리스도를 예표하기 때문입니다.

㉡ 둘째는, "그 예물의 머리에 안수하라"하시는데 이는 연합과 죄의 전가를 나타내고

㉢ 셋째는, "회막 문에서 잡을 것이요"합니다. 왜냐하면 죄의 값은 사망이기 때문은 제물은 죽어야만 하는 것입니다.

㉣ 그리하여 넷째는, "제사장들은 그 피를 제단 사방에 뿌릴 것이며"(2)합니다. 흘린 피가 나에게 적용이 되기 위해서는 "뿌린 피"가 되어야 하기 때문입니다.

㉤ 제사장은 제물을, "제단 위의 불 위에 있는 나무 위의 번제물 위에서 사를지니"(5) 합니다. "불로 태우는" 화제(火祭)는 그리스도께서 받으실 고난의 상징입니다.

㉥ 결론은 "여호와께 향기로운 냄새니라"(5)합니다. "향기"라 하심은 하나님께서 기쁘게 받으신다는 점을 나타내는데 "화목제"가 화목제물이 되실 그리스도의 예표이기 때문입니다.

② "화목"이라는 주제가 고린도후서 5장에 자세하게 나타나 있는

데, "설교의 황제"라는 별명이 붙은 스펄전 목사님은 "나에게 설교할 단 한번의 기회가 주어진다면 고린도후서 5:18-21절을 본문으로 삼아 〈너희는 하나님과 화목하라〉는 설교를 할 것이다"고 말할 정도로 중요한 주제입니다. 그러므로 자세히 살펴보도록 하겠습니다.

㉠ 첫째로, "모든 것이 하나님께로서 났으며"(18) 합니다. 즉 화목할 수 있도록 하나님께서 다 해결해주셨다는 말씀입니다.

㉡ 둘째로, 어떻게 해결해주셨는가? "그들의 죄를 그들에게 돌리지 아니하시고"(19), 즉 "네 죄는 네가 책임을 지라"고 말씀하시지 않으셨다는 것입니다. 세상의 재판장은 "네 죄는 네가 책임을 지라"고 말합니다. 만일 하나님께서 "네 죄는 네가 책임을 지라"하셨다면 화목하고 구원을 얻을 수 있는 자는 한 사람도 없는 것입니다.

㉢ 그러면 셋째로, 우리 죄를 어떻게 처리하셨는가? "하나님이 죄를 알지도 못하신 이를 우리를 대신하여 죄로 삼으신 것은"(21) 합니다. 이것이 십자가 사건으로 나타난 것입니다. 그런데 이것이 임기응변으로 된 일이 아니라, "우리는 다 양 같아서 그릇 행하여 각기 제 길로 갔거늘 여호와께서는 우리 모두의 죄악을 그에게 담당시키셨도다"(사 53:3)한 예언의 성취였기 때문에 더욱 진실한 것입니다.

㉣ 넷째로, 이점이 중요한데 하나님과 화목하기 위해서는 무엇이 필수적인지 아십니까? "우리로 하여금 그 안에서 하나님의 의가 되게 하려 하심이라"(고후 5:21하)한, "의롭다함"까지 나아가야만 하는 것입

니다. 왜냐하면 "의롭다함"을 얻어야만 의로우신 하나님 앞으로 돌아
가 화목할 수가 있기 때문입니다.

③ 질문이 있습니다. 형제는 하나님께서 우리 죄를 그냥 용서해주
시지 않고, 어찌하여 자기 아들을 화목제물로 세우셔야만 했는지 말해
줄 수가 있습니까?

㉠ "자기도 의로우시며 또한 예수 믿는 자를 의롭다 하려 하심이라"
(롬 3:26)고 말씀합니다. "하나님이 죄를 알지도 못하신" 자기 아들에게
"우리를 대신하여 죄로 삼으시고"(21) 이를 인정하고 믿는 자를 "의롭
다"고 여겨주시기 때문에 하나님 "자기도 의로우시며" 또한 예수 믿는
우리도 "의롭다함"을 얻게 되었다는 것입니다. 하나님과 화목하는 길
은 이 방도 외에는 다른 방법은 없었던 것입니다.

㉡ 이처럼 "하나님도 의로우시고 예수 믿는 자도 의롭다함을 얻는
복음"이 나타났기 때문에, "우리가 그리스도를 대신하여 사신이 되어
하나님이 우리를 통하여 너희를 권면하시는 것 같이 그리스도를 대신
하여 간청하노니 너희는 하나님과 화목하라"(고후 5:20)고, 간청을 하는
것입니다.

④ 이점을 로마서에서는 "곧 우리가 원수 되었을 때에 그의 아들의
죽으심으로 말미암아 하나님과 화목하게 되었은즉"(롬 5:10)이라고 말

씀합니다. 세 마디로 되어 있는데,

㉠ 첫째로 "우리가 원수 되었을 때에"라고 말합니다. 이는 "마음에 하나님 두기를 싫어하는(롬 1:28) 마음으로 원수가 된"(골 1:21) 상태를 가리킵니다.

㉡ 그 아들의 "죽으심으로" 말미암아,

㉢ "화목하게 되었다"는 말씀입니다.

제가 이 진리를 처음 만났을 때 즉각적으로 도표로 나타내었는데 아래와 같은 다이아몬드 형이었습니다.

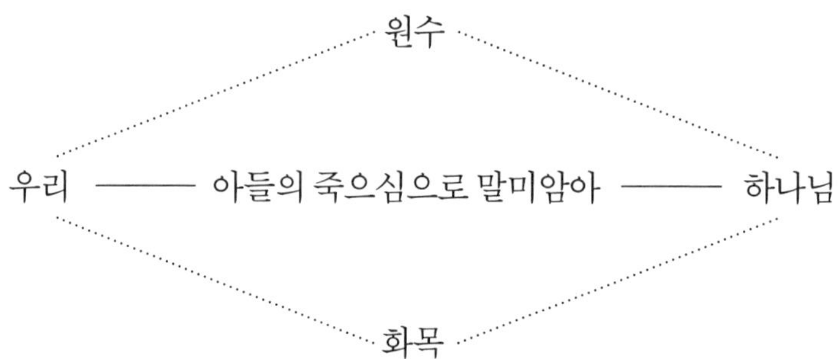

㉣ 하나님과 우리의 관계가 "원수"지간과 같았는데 "아들의 죽으심으로 말미암아", "화목"하게 되었다는 점을 나타냅니다. 여러분도 이 다이아몬드 도표를 마음에 간직하시기를 바랍니다. 인간 편에서 먼저 화목하자고 한 것이 아닙니다. "사랑은 여기 있으니 우리가 하나님을

사랑한 것이 아니요 하나님이 우리를 사랑하사 우리 죄를 속하기 위하여 화목제물로 그 아들을 보내셨음이라"(요일 4:10) 합니다. 이런 의미가 "화목제"(레 3:1)에 함의 되어 있는 구속사적인 의미인 것입니다.

제사 방식은 "번제와 화목제"가 크게 다르지가 않습니다. 명심하자는 뜻에서 다시 강조합니다만, 제사제도에 있어서 핵심은 "잡을 것이요" 한 "죽음"에 있는데 왜 죽어야 하는가? 나의 죄를 대신한 "대속제물"이 되어 죽는 것입니다. 그래서 "안수"하라 하시는 것입니다. 이 대속이 적용이 되려면 "피를 사면에 뿌릴 것이라" 한, "피 뿌림"에 있다는 점을 망각하지 말아야만 합니다. 이것이 공통적인 원칙입니다.

⑤ 3장은, "너희는 기름과 피를 먹지 말라"(17)는 말씀으로 마치고 있는데, "먹지 말라"하시는 의도가 무엇인가?

㉠ "먹지 말라" 하시니까 무슨 말씀이 연상이 되십니까? 그리스도인이라면 누구나 "선악을 알게 하는 나무의 열매는 먹지 말라"(창 2:17) 하신 금령(禁令)이 생각날 것입니다. 인류의 시조는 "먹지 말라"하시니까 자신을 사랑하시지 않기 때문에 금하시는 것으로 곡해를 했습니다. "피를 먹지 말라"는 금령은 창세기 9:4절에도 나오고, 레위기 17장에 자세한 설명이 있습니다.

왜 금하시는가? "이 피를 너희에게 주어 제단에 뿌려 너희의 생명을 위하여 속죄하게 하였나니"(17:11) 하십니다. 좋은 것은 하나님 혼자 잡수시기 위해서가 아니라 간직해 두었다가 "너희에게 주어", 아시겠습니까? 너희의 죄를 속(贖)하는데 사용하시기 위해서라고 말씀하십니다. 이것이 하나님 아버지의 마음입니다.

ⓛ 짐승의 피를 귀중히 보시고 먹지 말라 하신 하나님께서는 "내가 진실로 진실로 너희에게 이르노니 인자의 살을 먹지 아니하고 인자의 피를 마시지 아니하면 너희 속에 생명이 없느니라"(요 6:53), 즉 자기 아들의 피를 마시라 하십니다. 우리를 살리시려고 자기 아들의 생명을 주신 것입니다. 주님이 흘려주실 피를 속된 것으로 여기지 못하게 하기 위해서 피를 먹지 말라고 금하셨다는 것입니다. 이 말씀을 듣는 형제의 마음은 어떠하십니까?

그러므로 지금 우리는 옛날이야기를 하고 있는 것이 아닙니다. 우리는 이처럼 예표로 베푸신 "화목제"가 실체로 성취된 이후를 살아가고 있습니다. 그러므로 하나님께서 기쁘게 받으실 예배드리는 법을 배우고 있는 것입니다.

우리가 어떻게 해서 하나님과 화목하게 되었으며 우리의 예배가 "향기로운 냄새니라", 즉 하나님께서 기쁘시게 받으시게 되는가? "화목제물"이 되어주신 예수 그리스도를 믿는 믿음으로 말미암아 입니다. "그러므로 형제들아 우리가 예수의 피를 힘입어 성소에 들어갈 담

력을 얻었나니 참마음과 온전한 믿음으로 하나님께 나아가자"(히 10:
22)합니다. 우리의 응답은 "참 마음, 온전한 믿음"인 것입니다. 이것이
"화목제물이 되신 그리스도의 예표"입니다.

우리가 지금은 나그네 되어도 화려한 천국에 머잖아 가리니

이 세상 있을 때 주 예수 위하여 끝까지 힘써 일하세

주 내게 부탁하신 일 천사도 흠모하겠네 화목케 하라신

구주의 말씀을 온 세상 널리 전하세. (508장)

레위기 4:1-21 분석도표

주제 : 속죄제물이 되신 그리스도의 예표

제사장의 범죄

1-12

1 여호와께서 모세에게 말씀하여 이르시되

2 이스라엘 자손에게 말하여 이르라 **누구든지 여호와의 계명 중 하나라도 그릇 범하였으되**

3 만일 **기름 부음을 받은** 제사장이 범죄하여 백성의 허물이 되었으면 그가 범한 죄로 말미암아 **흠 없는 수송아지로 속죄제물을 삼아 여호와께 드릴지니**

4 그 수송아지를 회막 문 여호와 앞으로 끌어다가 그 수송아지의 **머리에 안수하고** 그것을 여호와 앞에서 **잡을 것이요**

5 기름 부음을 받은 제사장은 그 수송아지의 **피를 가지고 회막에 들어가서**

6 그 제사장이 손가락에 그 피를 찍어 여호와 앞 곧 성소의 **휘장 앞에 일곱 번 뿌릴 것이며**

7 제사장은 또 그 피를 여호와 앞 곧 회막 안 향단 뿔들에 바르고 그 송아지의 피 전부를 회막 문 앞 번제단 밑에 쏟을 것이며

8 또 그 속죄제물이 된 수송아지의 모든 기름을 떼어낼지니 곧 내장에 덮인 기름과 내장에 붙은 모든 기름과

9 두 콩팥과 그 위의 기름 곧 허리쪽에 있는 것과 간에 덮인 꺼풀을 콩팥과 함께 떼어내되

10 화목제 제물의 소에게서 떼어냄 같이 할 것이요 제사장은 그것을 **번제단 위에서 불사를 것이며**

11 그 수송아지의 가죽과 그 모든 고기와 그것의 머리와 정강이와 내장과

12 똥 곧 그 송아지의 전체를 **진영 바깥 재 버리는 곳인 정결한 곳으로 가져다가** 불로 나무 위에서 사르되 곧 재 버리는 곳에서 불사를지니라

온 회중의 범죄

13-21

13 만일 이스라엘 온 회중이 여호와의 계명 중 하나라도 부지중에 범하여 **허물이 있으나 스스로 깨닫지 못하다가**

14 그 범한 죄를 깨달으면 회중은 수송아지를 속죄제로 드릴지니 그것을 회막 앞으로 끌어다가

15 회중의 장로들이 여호와 앞에서 그 수송아지 **머리에 안수하고** 그것을 여호와 앞에서 **잡을 것이요**

16 기름 부음을 받은 제사장은 그 수송아지의 **피를 가지고 회막에 들어가서**

17 그 제사장이 손가락으로 그 피를 찍어 여호와 앞, **휘장 앞에 일곱 번 뿌릴 것이며**

18 또 그 피로 회막 안 여호와 앞에 있는 제단 뿔들에 바르고 그 피 전부는 회막 문 앞 번제단 밑에 쏟을 것이며

19 그것의 기름은 다 떼어 제단 위에서 불사르되

20 그 송아지를 속죄제의 수송아지에게 한 것 같이 할지며 제사장이 그것으로 회중을 위하 **속죄한즉 그들이 사함을 받으리라**

21 그는 그 수송아지를 진영 밖으로 가져다가 첫번 수송아지를 사름 같이 **불사를지니 이는 회중의 속죄제니라**

속죄제물이 되신 그리스도의 예표

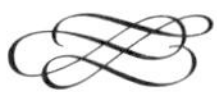

설교 작성노트

4장은 속죄제의 규례다. 이는 예수 그리스도께서, "염소와 송아지의 피로 하지 아니하고 오직 자기의 피로 영원한 속죄를 이루사 단번에 성소에 들어가셨느니라"(히 9:12)에 대한 예표라는 점에 확고해야 한다. 이를 증언하고자 하는 것이 내용목적이다.

그런데 본문을 관찰해보면, "제사장이 죄를 범했을 때와 온 회중이 죄를 범했을 때와 족장이 죄를 범했을 때와 평민이 죄를 범했을 때"의 속죄제 규례가 다르다는 점을 주목하게 된다. 여기에 적용목적이 있다 하겠다.

강론

4장은 5대 제사 중 네번째로 "속죄제"에 대한 규례입니다. 어떤 경우에 "속죄제"를 드리라 하시는가? "누구든지 여호와의 계명 중 하나라도 그릇 범했을"(2) 경우 속죄제를 드리라 하십니다. 그러므로 "그릇 범하여"라는 점이 중요합니다.

하나님께서는 "제사장이 죄를 범했을 경우(3), 온 회중이 죄를 범했을 경우(13), 족장이 죄를 범했을 경우(22), 평민이 죄"를 범했을 경우(27)를 구분해서 언급하시는 중에 공통적으로 "부지(不知) 중에 범했을"(13, 22, 27) 경우라고 말씀하십니다.

"부지중"(不知中)이라는 말은 다윗이 "주의 종에게 고의로 죄를 짓지 말게 하사 그 죄가 나를 주장하지 못하게 하소서"(시 19:13)한, 고의로 범하는 고범죄(故犯罪)와는 구별이 되는 알지 못하고 범하는 죄를 가리킵니다. 그러므로 속죄제 제도는 "죄를 범하고 속죄제를 드리고, 죄를 범하고 속죄제를 드리면" 되는 양 생각하는 상습범들의 도피처가 아니라는 말씀입니다. 어떤 분들이 곡해하고 있듯이 "복음"은 죄를 지어도 괜찮다는 죄를 조장하는 방편이 결코 아닌 것입니다.

"그릇 범하여"란 점을 로마서에서는 "율법이 육신으로 말미암아 연

약하여 할 수 없는 그것을 하나님은 하시나니"(롬 8:3)라고 "연약"(軟弱)

이라고 말씀하고 있습니다. 율법의 행위로는 의롭다함을 얻을 육체가

없다는 것은 "율법"에 결함이 있어서가 아니라, 문제는 "육신의 연약"

(軟弱)으로 말미암아 율법을 온전히 지킬 수 없는 우리에게 책임이 있

다는 것입니다. 하나님의 뜻대로 살기를 원하나 육신의 연약으로 말

미암아 어쩔 수 없이 "그릇 범하여, 부지(不知) 중에 범하게" 되었을 경

우 속죄제를 드리라 하시는 것입니다.

그러므로 하나님께서 율법을 주신 의도는 "너희는 이를 행할 수 있

다, 또는 이를 행함으로 구원을 얻으라"고 주신 것이 아닌 것입니다.

전적타락하고 부패한 인간은 율법을 온전히 지킬 수 없다는 점을 우리

보다 하나님이 더 잘 아십니다.

① 제일 먼저 "만일 기름 부음을 받은 제사장이 범죄하여 백성의 허

물이 되었으면"(3상)하고, 제사장의 속죄제를 말씀하십니다. "제사장

이 범죄하여 백성의 허물이 되었다"는 뜻이 무엇인가? 제사장의 범죄

는 죄의 영향력이 제사장 자신에게만 미치는 것이 아니라, "백성의 허

물이 되었으면"한 대로 백성 전체에 미친다는 점을 명심해야만 합니

다. 왜냐하면 그는 하나님과 백성 사이에 중보의 역할을 하는 자이기

때문입니다.

㉠ 예를 들어서 다윗 왕이 교만하여 인구를 조사했다가 그 죄얼

이 백성들에게 미쳐서 전염병으로 죽은 자가 "칠만 명이었더라"(대상 21:14) 합니다. 이때 다윗은 "명령하여 백성을 계수하게 한 자가 내가 아니니이까 범죄하고 악을 행한 자는 곧 나이니이다 이 양 떼는 무엇을 행하였나이까 청하건대 나의 하나님 여호와여 주의 손으로 나와 내 아버지의 집을 치시고 주의 백성에게 재앙을 내리지 마옵소서"(대상 21:17)라고 탄원했던 것입니다.

ⓛ 이처럼 지도자 된 자들의 책임이 중하다는 점을 알았기에 야고보는 "내 형제들아 너희는 선생 된 우리가 더 큰 심판을 받을 줄 알고 선생이 많이 되지 말라"(약 3:1)고 경계했던 것입니다. 그래서 제사장이 죄를 범했을 경우에 드리는 속죄제의 방식이 족장이나 평민의 경우와 다르다는 점을 주목해 보아야만 합니다.

② 먼저 속죄제에 있어서 "제사장·회중·족장·평민을 막론하고 공통적인 불변의 진리를 살펴보겠습니다.

㉠ 첫째는 제물이 "흠이 없어야"(3, 23, 28)한다는 점인데 이는 흠 없으신 그리스도의 예표이기 때문입니다.

㉡ 둘째는 "안수하라"(4, 15, 24, 29)하시는데 연합과 죄의 전가를 의미합니다.

㉢ 셋째는 "잡을 것이요"(4, 15, 24, 29), 즉 제물은 "죽어야 한다"는 점을 명심해야 합니다. 앞에서도 살펴보았습니다만 제사의식에는 "안수

하고 잡을 것이라”는 점이 필수(必須)입니다. 안수를 통해서 나와 제물이 연합(聯合)이 되어, 나의 죄가 제물에게 전가(轉嫁)되고 “잡을 것이요”, 즉 대신 죽음으로 대속이 되기 때문입니다.

㉣ 넷째는 “불사를 것이요”(12, 21, 26, 31)하시는데 이는 그리스도께서 당하실 고난을 상징합니다.

이것이 모든 속죄제의 공통점입니다. 이는 하나님의 아들 그리스도를 통하여 성취하실 십자가 복음에 대한 명백한 예표인 것입니다. 하나님께서는 영적으로 어린 아이와 같은 자들에게 실물(實物)교육을 하시듯이 복음을 설명하고 계시는 것입니다.

③ 이제 다른 점을 살펴보아야만 합니다. 제사제도에 있어서 핵심은 “내가 피를 볼 때에” 하신 “피”에 있습니다. 그러므로 다른 점은 속죄제물이 “흘린 피”를 처리하는 방식에 차이점이 나타난다는 점입니다.

㉠ 제사장이 죄를 범했을 때는 “피를 가지고 회막에 들어가서”(5) 즉 성소에 들어가서 “성소의 휘장 앞에 일곱 번 뿌릴 것이며”(6) 합니다.

㉡ 온 회중이 죄를 범했을 때에도, “피를 가지고 회막에 들어가서(16), 휘장 앞에 일곱 번 뿌릴 것이며”(17)하십니다. 그러니까 “제사장과 온 회중”의 속죄제 규례가 같다는 것입니다.

제물도 동일하게 제일 상급인 “수송아지”(3, 14)인데, 이는 죄질이 그만큼 무겁다는 것을 나타냅니다. 그러므로 제사장의 범죄는 “피를 가지고 회막에 들어가야” 해결이 될 만큼 중대하다는 점과 제사장의 범죄의 결과는 개인에 국한된 것이 아니라 온 성도가 죄를 범한 것과 같아서 교회 전체에 영향을 미치게 된다는 점을 말씀해주는 것입니다.

ⓒ 그렇다면 피를 휘장 앞에 뿌리라는 의미가 무엇인가? 이는 “내가 피를 볼 때에 너희를 넘어가리라”하신 하나님의 공의와 결부된 일관된 진리를 나타내는 것입니다. 즉 지성소에 임재하시는 하나님께서 휘장 앞에 뿌려진 피를 통해서 보시기 때문에 사함을 얻게 된다는 점을 나타냅니다. 또한 “향단 뿔들에 바르고” (7상) 합니다. “향단”은 기도(祈禱)의 상징인데 “향단 뿔”에 바르라 하심은 제사장의 범죄로 좁아지거나 막혔던 교제와 교통이 대속의 피가 뿌려짐으로 회복이 된다는 점을 의미한다 하겠습니다.

④ 다음은 족장이 죄를 범했을 경우인데, “번제단 뿔들에 바르고 그 피는 번제단 밑에 쏟고”(25), 즉 성소에 들어가지 않고 번제단 밑에 쏟으라 하십니다.

㉠ 평민이 죄를 범했을 경우도 “그 피 전부를 제단 밑에 쏟으라”(30) 하십니다. “속죄 피를 쏟으라”하심은, “그들의 죄와 그들의 불법을 내가 다시 기억하지 아니하리라”(히 10:17)하심을 나타내는 의미가 있는 것입니다.

㉡ 이처럼 “족장과 평민”의 규례가 같은 것입니다. 제물도 등급이

낮은 "염소"(23, 28)로 동일합니다. 이는 무엇을 의미하느냐 하면 "족장이나 평신도"의 죄는, 드러내지 말고 조용히 처리하라는 것입니다. 이 점을 주님은, "네 형제가 죄를 범하거든 가서 너와 그 사람과만 상대하여 권고하라 만일 들으면 네가 네 형제를 얻은 것이요"(마 18:15)라고 말씀하십니다.

이런 맥락에서, "속죄 피"를 제단 밑에 쏟으라는 것과 성소에 들어가서 "성소의 휘장 앞에 뿌리라"는 것은 엄청난 차이라는 점을 명심해야 할 것입니다.

⑤ 이제 속죄제와 관련된 구속사적인 중요한 요점을 말씀드려야만 하겠습니다. 왜냐하면 우리는 새 언약의 일꾼들(고후 3:6)이요, 그리스도의 증인들이기 때문에 이를 증언할 사명이 있는 것입니다. "이같이 제사장이 그 범한 죄에 대하여 그를 위하여 속죄한즉 그가 사함을 얻으리라"(26)하셨습니다. 31절에서도 "제사장이 그를 위하여 속죄한즉 그가 사함을 받으리라" 하시고, 마지막 절에서도 "이같이 제사장이 그가 범한 죄에 대하여 그를 위하여 속죄한즉 그가 사함을 받으리라"하십니다.

㉠ 그러면 질문을 드려보겠습니다. 송아지나 염소로 속죄제를 드리면 죄가 사해지는가 하는 점입니다. 답변은 사함을 받습니다. 왜냐하면 하나님께서 세 번이나 "사함을 받으리라"고 말씀하시기 때문입니

다. 그러면 다시 질문을 드리겠습니다. 송아지나 염소로 속죄제를 드리면 죄가 완결(完決)이 되는가 하는 점입니다.

ⓛ 아닙니다. 죄가 해결이 되지 않습니다. 성경은 분명히 "이는 황소와 염소의 피가 능히 죄를 없이 하지 못함이라"(히 10:4)고 말씀합니다. 죄는 사람이 범했는데 짐승이 죽는다고 해결이 된단 말입니까? 해결이 된다면 하나님의 아들이 죽으셔야 할 이유가 무엇이란 말인가?

⑥ 그러면 "속죄제" 제도를 명하신 하나님의 의도가 무엇인가 하고 묻게 됩니다. 이점을 로마서에서는, "이는 하나님께서 길이 참으시는 중에 전에 지은 죄를 간과하심으로 자기의 의로우심을 나타내려 하심이니"(롬 3:25)라고 해설해 주고 있습니다. 세 마디로 되어 있는데,

㉠ 첫째로 구약시대란 하나님께서 죄에 대해서 "길이 참으시는" 기간이었다고 말씀합니다.

㉡ 둘째로 "간과(看過)하심" 즉 죄를 보고도 못 본척하신 기간이었다는 것입니다.

㉢ 셋째로 언제까지 그렇게 하셨는가? "자기의 의로우심을 나타내시기까지", 즉 자기 아들을 대속제물로 세우시기까지라는 것입니다. 십자가 사건은 길이 참으시면서 죄를 눈감아 주시던 하나님께서 죄에 대한 진노를 자기 아들에게 쏟으신, 즉 하나님의 공의를 나타내신 사건이었던 것입니다.

이렇게 함으로 죄가 비로소 완결(完決)이 될 수가 있었던 것입니다. "속죄제" 제도는 이렇게 완결하시기까지 죄에 대한 진노를 보류해 두는 장치였던 것입니다. 왜 그렇게 하셨습니까? 우리의 연약을 아시기에 그리고 우리를 사랑하시기 때문입니다.

이점을 히브리서에서는 "그(그리스도)는 새 언약의 중보자시니 이는 첫 언약(구약시대) 때에 범한 죄에서 속량하려고 죽으사"(히 9:15)라고 말씀합니다. 구약시대의 죄도 예수 그리스도의 대속을 통해서 완결이 될 수 있었다는 점에 확고해야만 합니다.

⑦ 이런 맥락에서 명심해야 할 사활적으로 중요한 요점이 있는데 구약시대에도, "속죄제"를 드리기만 하면 무조건 죄가 사해지는 것은 아니라는 점입니다. 그러면 어떻게 해야 사함을 받을 수가 있는가? 아브라함과 다윗에게 세워주신 메시아언약을 믿고 "속죄제"를 드림으로 하나님께서 열납하시고 죄도 비로소 사함을 받게 된다는 점을 명심해야만 합니다.

㉠ 이점이 메시아언약은 망각한 채 제사는 열심히 드리는 자들을 향해서, "너희가 내 앞에 보이러 오니 이것을 누가 너희에게 요구하였느냐 내 마당만 밟을 뿐이니라 헛된 제물을 다시 가져오지 말라 분향은 내가 가증히 여기는 바요 월삭과 안식일과 대회로 모이는 것도 그

러하니"(사 1:13)하신 말씀에 분명히 나타납니다.

⑧ 이상의 말씀이 우리에게 어떻게 적용이 되는가? "그들에게 일어난 이런 일은 본보기가 되고 또한 말세를 만난 우리를 깨우치기 위하여 기록되었느니라"(고전 10:11)고 말씀합니다.

㉠ 첫째로 깨달아야 할 점은 어느 시대나 지도자들의 책임이 크다는 점입니다. 오늘날 한국교회의 실상이 더욱 그러합니다. 둘째는, 죄 사함을 받기 위해서는 "회개"가 필수인데 오늘의 속죄제, 즉 우리의 회개가 성경에 입각한 바른 회개인가 하는 점입니다. 그러면 바른 속죄제, 바른 회개는 어떤 것인가?

㉡ 첫째는 근거가 분명해야 하는데, "예수는 우리가 범죄한 것 때문에 내줌이 되고 또한 우리를 의롭다 하시기 위하여 살아나셨느니라"(롬 4:25), 즉 하나님이 아들이 내가 범한 죄로 말미암아 나를 대신하여 죽으셨다는 이를 믿는 것이 속죄의 유일한 근거요, 둘째는 이를 믿는 자라면 육신의 연약으로 말미암아 실수하고 넘어졌을 경우 "애통"하는 회개가 따르게 되는데, "회개"에는 이를 입증할 "열매"가 나타나야 한다는 점입니다. 이점을 세례 요한은 "회개에 합당한 열매를 맺고 속으로 아브라함이 우리 조상이라 말하지 말라"(눅 3:8)고 경고합니다.

㉢ 그러므로 오늘날도 입버릇처럼 하는 회개가 아니라 바른 속죄

제, 즉 열매를 수반하는 바른 회개만이 죄 사함을 받을 수가 있는 것입니다. 그런데 하나님은 물으십니다. "그들이 가증한 일을 행할 때에 부끄러워하였느냐 아니라 조금도 부끄러워하지 않을 뿐 아니라 얼굴도 붉어지지 아니 하였느니라"(렘 8:12). 형제는 어떠합니까? 이것이 "속죄제물이 되신 그리스도의 예표"입니다.

> 나 행한 것 죄뿐이니 주 예수께 비옵기는
>
> 나의 몸과 나의 맘을 깨끗하게 하소서
>
> 물가지고 날 씻든지 불가지고 태우든지
>
> 내 안과 밖 다 닦으사 내 모든 죄 멸하소서. (274장)

레위기 5:14-6:7 분석도표

속건제물이 되신 그리스도의 예표

성물을 범한 죄

5:14-19

14 여호와께서 모세에게 말씀하여 이르시되

15 누구든지 **여호와의 성물에 대하여 부지중에 범죄하였으면** 여호와께 속건제를 드리되
네가 지정한 가치를 따라 성소의 세겔로 몇 세겔 은에 상당한 **흠 없는 숫양을**
양 떼 중에서 끌어다가 **속건제로 드려서**
그것에 오분의 일을 더하여

16 **성물에 대한 잘못을 보상하되**
제사장에게 줄 것이요
제사장은 그 속건제의 숫양으로 그를 위하여 **속죄한즉 그가 사함을 받으리라**

17 만일 누구든지 여호와의 **계명 중 하나를 부지중에 범하여도 허물이라** 벌을
당할 것이니

18 그는 네가 지정한 가치대로 양 떼 중 **흠 없는 숫양을** 속건제물로 제사장에게로
가져갈 것이요
제사장은 그가 부지중에 범죄한 허물을 위하여 속죄한즉 그가 사함을 받으리라

19 **이는 속건제니 그가 여호와 앞에 참으로 잘못을 저질렀음이니라**

이웃에게 범한 죄

6:1-7

1 여호와께서 모세에게 말씀하여 이르시되

2 누구든지 여호와께 신실하지 못하여 범죄하되 곧 이웃이 맡긴 물건이나 전당물을 속이거나
도둑질하거나 착취하고도 사실을 부인하거나

3 남의 잃은 물건을 줍고도 사실을 부인하여 거짓 맹세하는 등
사람이 이 모든 일 중의 하나라도 행하여 범죄하면

4 이는 죄를 범하였고 죄가 있는 자니 그 훔친 것이나 착취한 것이나 맡은 것이나
잃은 물건을 주운 것이나

5 그 거짓 맹세한 **모든 물건을 돌려보내되 곧 그** 본래 물건에 오분의 일을 더하여 돌려보낼 것이니
그 죄가 드러나는 날에 그 임자에게 줄 것이요

6 **그는 또 그 속건제물을 여호와께 가져갈지니** 곧 네가 지정한 가치대로 양 떼 중
흠 없는 숫양을
속건제물을 위하여 제사장에게로 끌고 갈 것이요

7 제사장은 여호와 앞에서 그를 위하여 속죄한즉 그는 **무슨 허물이든지 사함을 받으리라**

속건제물이 되신 그리스도의 예표

설교 작성노트

5대 제사제도 중 마지막으로 "속건제"에 대해 명하신다. 속건제는 일종의 손해배상에 대한 규례인데 첫째는, 하나님과의 관계에서의 속건제이고, 다음은 사람과의 관계에서의 속건제이다. 그러면 하나님께 무슨 손해를 끼쳤기에 "속건제"를 드려야 하는가? 하나님의 백성에게는 "하나님의 이름"이 걸려 있다. 그러므로 하나님의 백성들이 무슨 죄를 범하든지 이는 사람에게만 손해를 끼친 것이 아니라 우선적으로 하나님의 이름과 영예에 손해를 끼친 것이라는 점을 명심해야만 한다. 이를 증언하려는 것이 내용목적이다.

"회개"하면 모든 죄가 사함을 받는다. 그런데 본문은, "잘못을 보상하되 그것에 오분의 일을 더하여"(5:16) 보상하라 하신다. 여기에 적용목적이 있다 하겠다.

5대 제사제도 중 마지막으로 "속건제"의 규례를 명하십니다. 내용에 들어가기 전에 먼저 확고해야 할 점은 속건제도, "여호와께서 그에게 상함을 받게 하시기를 원하사 질고를 당하게 하셨은즉 그의 영혼을 속건제물로 드리기에 이르면 그가 씨를 보게 되며"(사 53:10)한, "속건제물이 되신 그리스도의 예표"라는 점입니다.

그러면 "속죄제와 속건제"가 어떻게 다른가 하는 점입니다. 예를 들어, "도둑질하거나 착취"(2)한 사실이 있다 하십시다. 이럴 경우 "회개", 즉 속죄제만 드리면 되는 것이 아니라 이를 배상해야 하는 "속건제"를 드려야 한다는 말씀입니다. "잘못을 보상하되 그것에 오분의 일을 더하여"(16, 6:5) 돌려보내라 하신 일종의 손해배상 제도가 "속건제"입니다.

그런데 유념해야 할 점이 있는데 "속건제", 즉 손해배상하면 사람에게 끼친 손해만을 생각하기가 쉽다는 점입니다. 아닙니다. "누구든지 여호와의 성물에 대하여 부지중에 범죄하였으면"(5:15)한, 하나님께 끼친 손해"가 먼저요, "이웃이 맡긴 물건이나 전당물을 속이거나 도둑질하거나 착취하고도"(6:2) 한, 대인관계(對人關係)에 대한 배상은 그 다음인 것입니다.

① 그러면 우리가 하나님께 어떤 피해를 끼쳤는가를 생각해 보겠습니다. 하나님의 백성으로 신분이 바뀌었다는 것은 그에게 "하나님의 이름"이 걸려 있다는 점을 나타냅니다. 그러므로 하나님의 백성들이 무슨 죄를 범하든지 이는 사람에게만 손해를 끼친 것이 아니라 우선적으로 하나님의 이름과 영예에 손해를 끼친 것이라는 점을 명심해야만 합니다.

㉠ 첫째는, "여호와의 성물에 대하여 부지중에 범죄하였으면"(5:15)한, "성물"(聖物)에 대한 잘못입니다. 이점이 우리에게는 어떤 의미가 있는가? 유념해야 할 점은 구약의 "성물" 계념은 의문에 속한 것이었으나 새 언약의 개념은 신령(神靈)에 속한 것이라는 점입니다. 그러므로 "너희는 너희 자신의 것이 아니라 값으로 산 것이 되었으니"한, "나" 자신이 바로 "성물"이라는 말씀입니다. 나 자신이 나의 것이 아니라면 나의 "몸·시간·물질" 등도 나의 것이 아닌 것입니다.

"그런즉 너희 몸으로 하나님께 영광을 돌려야"(고전 6:19-20)마땅한데, "주인의 소유를 낭비한다는 말이 그 주인에게 들리는"(눅 16:1) 삶을 살아간다면 이는 성물을 범하는 죄라 할 것입니다.

㉡ 둘째는, "만일 누구든지 여호와의 계명 중 하나를 부지중에 범하여도 허물이라 벌을 당할 것이니"(17)라고 말씀합니다. "여호와의 계명 중 하나를 범할"(17) 경우 4:2절에서는 "속죄제"를 드리라 하셨는데 5장에서는, "속건제"를 드리라 명하신다는 점입니다. 왜 그런가?

하나님의 백성들이 범하는 모든 죄는 하나님의 이름과 영광에 손해를 끼친 것이 되기 때문입니다. 그러므로 "속죄제"만이 아니라 "속건제", 즉 여호와의 이름에 손해를 끼친 점도 보상해야 된다는 점입니다. 다윗이 우리아의 아내 밧세바를 범하였을 때에 나단 선지자는, "이 일로 말미암아 여호와의 원수가 크게 비방할 거리를 얻게 하였다"(삼하 12:14)고 말합니다. 우리아의 "아내"를 범한 일은 남편 우리아에게만 피해를 준 것이 아니라, "하나님의 거룩하신 이름과 영광"에 얼마나 큰 손해(損害)를 끼친 것이 됩니까? 그렇다면 속죄제만이 아니라 속건제를 드려야 한다는 말씀입니다.

② 그러므로 이참에 각성해야 할 점은 배은망덕한 인간은 하나님의 거룩하신 이름과 영예에 엄청난 손해를 끼친(겔 36:20-23) 가해자(加害者)라는 점입니다. 그래서 성경은 "하나님의 이름과 영광"에 대해 얼마나 강조하고 있는가를 보십시오.

㉠ "그들이 이른바 그 여러 나라에서 내 거룩한 이름이 그들로 말미암아 더러워졌나니 곧 사람들이 그들을 가리켜 이르기를 이들은 여호와의 백성이라도 여호와의 땅에서 떠난 자라 하였음이라 그러나 이스라엘 족속이 들어간 그 여러 나라에서 더럽힌 내 거룩한 이름을 내가 아꼈노라"(겔 36:20-21)하십니다.

㉡ 이점을 신약성경에서는, "종들은 자기 상전들에게 범사에 순종

하여 기쁘게 하고 거슬러 말하지 말며 훔치지 말고 오히려 모든 참된 신실성을 나타내게 하라 이는 범사에 우리 구주 하나님의 교훈을 빛나게 하려 함이라"(딛 2:9-10) 합니다.

ⓒ "이같이 너희 빛이 사람 앞에 비치게 하여 그들로 너희 착한 행실을 보고 하늘에 계신 너희 아버지께 영광을 돌리게 하라"(마 5:16)하십니다. 이와 반대되는 경우가 "기록된 바와 같이 하나님의 이름이 너희 때문에 이방인 중에서 모독을 받는도다"(롬 2:24)는 말씀입니다. 그런데 오늘날은 "자기를 사랑하며 돈을 사랑하며"(딤후 3:2)한, 자기중심적이 되어서 "하나님의 이름과 영예"에 너무나 둔감하다는 점입니다. 그러므로 우리는 하나님께 속죄제만이 아니라 "속건제"를 드려야 할 자라는 점을 심각하게 각성해야만 하겠습니다.

③ 다음은 대인관계(對人關係)에 있어서의 "속건제" 규례입니다.

㉠ "누구든지 여호와께 신실하지 못하여 범죄하되 곧 이웃이 맡긴 물건이나 전당물을 속이거나 도둑질하거나 착취하고도 사실을 부인하거나 남의 잃은 물건을 줍고도 사실을 부인하여 거짓 맹세하는 등 사람이 이 모든 일 중의 하나라도 행하여 범죄하면"(2-3) 속건제를 드려야 한다는 것입니다.

㉡ 그런데 본문을 주의 깊이 관찰해보면 대신(對神)과 대인(對人)의 속건제 규례의 다른 점이 나타나는데 하나님께는 먼저, "흠 없는 숫양

을 양떼 중에서 끌어다가 속건제로 드린"(5:15) 후에 "성물에 대한 잘못을 오분의 일을 더하여 보상하라"(5:16) 하셨습니다.

그런데 사람에게 손해를 끼친 경우는 먼저 "그 본래 물건에 오분의 일을 더하여 돌려보낸"(6:5) 후에, "그는 또 그 속건제물을 여호와께 가져갈지니"(6)하십니다. 그러니까 대인(對人)의 경우는 배상부터 먼저 하고 그런 후에 하나님께 속건제를 드리라는 말씀입니다.

ⓒ 이 순서는 주님께서, "그러므로 예물을 제단에 드리려다가 거기서 네 형제에게 원망들을 만한 일이 있는 것이 생각나거든 예물을 제단 앞에 두고 먼저 가서 형제와 화목하고 그 후에 와서 예물을 드리라"(마 5:23-24) 하신 말씀과 부합합니다. 세상 법에도 형사(刑事)적인 책임만 있는 것이 아니라 민사(民事)적인 책임도 따르는데, 하물며 하나님의 법이겠습니까? 그러니까 "돌려보내고 속건제를 드리라"하십니다.

④ 마지막으로 생각해야 할 점이 남았습니다. 그것은 속건제에도, "속죄한즉 그가 사함을 받으리라(5:13, 18, 6:7)하십니다. 그렇다면 "속건죄"도 우리의 자력으로 해결할 수가 있단 말인가 하고 묻게 됩니다. 아닙니다.

ⓐ "속죄제"의 규례에서 말씀을 드렸습니다만 속건제의 "사함"도 속죄제의 경우와 동일하게 완결이 되는 것이 아니라, 잠정적으로 보류해 놓으시는 장치라는 점입니다. 속건제에 속하는 죄도 "여호와께서 그

에게 상함을 받게 하시기를 원하사 질고를 당하게 하셨은즉 그의 영혼을 속건제물로 드리기에 이르면"(사 53:10)한, 그리스도의 대속을 통해서만이 완결이 될 수가 있는 것입니다.

ⓛ 이점을 구속사라는 맥락으로 더듬어 보면 창세기 1-2장을 생각해보시기 바랍니다. 하나님은, "내가 내 포도원을 위하여 행한 것 외에 무엇을 더할 것이 있으랴 내가 좋은 포도 맺기를 기다렸거늘 들포도를 맺음은 어찌 됨인고"(사 5:4)하심 같이 하나님의 형상대로 창조하신 사람에게 최대의 복을 주셨습니다.

그런데 인간은 어떻게 보답을 했습니까? "네가 먹는 날에는 반드시 죽으리라"(창 2:17)하신 하나님의 말씀을 불신하고 미혹하는 사탄의 말을 청종함으로 하나님의 이름을 더럽히고 돌이킬 수 없는 손해를 끼친 것입니다. 그 이후로 오늘에 이르기까지 배은망덕한 인간은 하나님의 거룩하신 이름을 더럽히고, 영예에 손상을 입히기를 계속하고 있는 것입니다.

ⓒ 하나님은 말씀하십니다. "여러 나라에서 더럽힌 내 거룩한 이름을 내가 아꼈노라, 여러 나라 가운데에서 더럽혀진 이름 곧 너희가 그들 가운데에서 더럽힌 나의 큰 이름을 내가 거룩하게 할지라"(겔 36:21, 23)하십니다. 우리가 거룩하게 할 수 있는 것이 아닙니다. 그러면 어떤 방도로 거룩하게 하시려는가? 인간이 더럽히고 모독을 돌린 것을 자기 아들로 하여금 배상케 하시고 회복하게 하시려는 것이 속건제의 궁

극적인 의미인 것입니다.

ⓐ 그러므로 이사야 선지자로 하신, "여호와께서 그에게 상함을 받게 하시기를 원하사 질고를 당하게 하셨은즉 그의 영혼을 속건제물로 드리기에 이르면 그가 씨를 보게 되며 그의 날은 길 것이요 또 그의 손으로 여호와께서 기뻐하시는 뜻을 성취하리로다"(사 53:10)한 말씀과 십자가를 앞에 놓으신 주님께서 "아버지여, 아버지의 이름을 영광스럽게 하옵소서" 하신 말씀을 결부시켜 보시기를 바랍니다.

하나님의 아들 그리스도께서 담당하신 십자가에는 인간이 하나님의 이름을 더럽히고, 하나님의 영예에 피해를 입힌 손해를 배상하시는 속건제의 의미도 포함되어 있다는 점을 깨닫게 되셨습니까!! 이점이 "이에 하늘에서 소리가 나서 이르되 내가 이미 영광스럽게 하였고 또 다시 영광스럽게 하리라"(요 12:28)고 화답하신 말씀에 분명하게 나타납니다. 그래도 하나님의 이름과 영예에 손해를 끼치는 삶을 계속할 것입니까?

5대 제사제도를 마치기 전에 드리는 순서에 대해서 한 말씀 언급해야 하겠습니다. 레위기는 "번제 - 소제 - 화목제 - 속죄제 - 속건제"의 순서로 되어 있는데 이는 지성소, 즉 하나님중심으로 본 순서입니다. 죄인 된 우리가 밟아야 할 순서는 반대인, "속건제와 속죄제"를 드림으

로 하나님과 "화목"하게 되어 소제의 삶을 살아가면서 "몸으로 산 제사
를 드리는 번제"를 드리게 된다는 점을 명심하시기 바랍니다. 이것이
"속건제물이 되신 그리스도의 예표"입니다.

이전에 주님을 내가 몰라 영광의 주님을 비방했다

지극한 그 은혜 내게 넘쳐 날 불러주시니 고마워라

천하고 무능한 나에게도 귀중한 직분을 맡기셨다

그 은혜 고맙고 고마워라 이 생명 바쳐서 충성하리. (597장)

레위기 8:1-13 분석도표

주제 : 명대하신 대로 제사장 위임식을 행함

<table>
<tr><td rowspan="2">아름다운 옷</td><td colspan="2">

1-9

1 여호와께서 모세에게 말씀하여 이르시되

2 　　　너는 아론과 그의 아들들과 함께

　　　그 의복과 관유와

　　　속죄제의 수송아지와 숫양 두 마리와 무교병 한 광주리를 가지고

3 　　　온 회중을 회막 문에 모으라

4 모세가 여호와께서 자기에게 명령하신 대로 하매 회중이 회막 문에 모인지라

5 모세가 회중에게 이르되　**여호와께서 행하라고 명령하신 것이 이러하니라** 하고

6 모세가 **아론과 그의 아들들을 데려다가 물로 그들을 씻기고**

7 　　　아론에게 속옷을 입히며 띠를 띠우고

　　　겉옷을 입히며 에봇을 걸쳐 입히고

　　　에봇의 장식 띠를 띠워서 에봇을 몸에 매고

8 　　　흉패를 붙이고 흉패에 우림과 둠밈을 넣고

9 　　　그의 머리에 관을 씌우고 그 관 위 전면에 금 패를 붙이니 곧 거룩한 관이라

여호와께서 모세에게 명령하신 것과 같았더라

</td></tr>
</table>

<table>
<tr><td rowspan="2">머리에 관유</td><td>

10-13

10 모세가 **관유를 가져다가 성막과 그 안에 있는 모든 것에** 발라 거룩하게 하고

11 또 제단에 일곱 번 뿌리고 또 그 제단과 그 모든 기구와

　　　물두멍과 그 받침에　　　　　　　　발라 거룩하게 하고

12 　　　또 관유를 아론의 머리에 붓고 그에게　발라 거룩하게 하고

13 모세가 또 **아론의 아들들을 데려다가**

　그들에게 속옷을 입히고 띠를 띠우며 관을 씌웠으니

여호와께서 모세에게 명령하신 것과 같았더라

</td></tr>
</table>

명하신 대로 제사장 위임식을 행함

설교 작성노트

8장은 여호와의 명을 좇아 제사장의 위임식을 거행하는 내용이다. 이를 문맥적(文脈的)으로 보면, 1-7장에서 먼저 5대 제사와 그 규례를 말씀한 다음에 제사를 주관할 제사장을 위임(委任)하는 문맥이다. 이 예표에는 참 대사장되시는 예수 그리스도와의 유사성과 상이성이 나타나는데 이에 대한 구속사적 의미가 무엇인가를 증언하고자 하는 것이 내용목적이다.

그런데 이를 통해서, "너희도 산 돌 같이 신령한 집으로 세워지고 예수 그리스도로 말미암아 하나님이 기쁘게 받으실 신령한 제사를 드릴 거룩한 제사장이 될지니라"(벧전 2:5)한, "제사장"이 된 우리의 경계로 삼고자 하는 것이 적용목적이라 하겠다.

　　8장은 여호와의 명을 좇아 제사장의 위임식을 거행하는 내용입니다. "위임식"이라는 말이 6번(22, 28, 29, 31, 33, 33)이나 등장합니다. "제사장의 위임식"을 문맥적(文脈的)으로 보면, 1-7장에서 먼저 5대 제사와 그 규례를 말씀한 다음에 제사를 주관할 제사장을 위임(委任)하라고 명하시는 문맥입니다.

　　죄로 말미암아 하나님 존전에서 추방을 당한 아담의 후예들은, 대속제물과 이를 드려줄 제사장을 필요로 하게 되었습니다. 그러므로 드려지는 "제물"은 물론, "대제사장"으로 위임을 받는 아론도 참 대제사장 되시는 그리스도의 예표인 것입니다. 그리고 이 예표가 "예수 그리스도로 말미암아 하나님이 기쁘게 받으실 신령한 제사를 드릴 거룩한 제사장이 될지니라"(벧전 2:5)한, 오늘의 제사장들인 우리에게 적용이 되기 때문에 본문이 우리에게 중요한 의미가 있고 적실성이 있는 말씀인 것입니다.

　　① 우선적으로 모세는 백성들을 모아놓고 "여호와께서 행하라고 명령하신 것이 이러 하니라"(5)고 선언을 합니다. 하나님께서 모세에게 제사장 직분과 위임에 관해 명하신 내용이 출애굽기 28-29장에 자세

히 기록되어 있는데 모세는 "명하신 대로" 행하고 있는 것입니다.

㉠ 9절과 13절을 보십시오. "여호와께서 모세에게 명령하신 것과 같았더라"고 말씀합니다. 성막을 제작할 때도 "여호와께서 명령하신 대로 되었다"는 말이 10번(출 39장), 성막을 세울 때도 "여호와께서 모세에게 명령하신 대로 되니라"는 말이 8번(출 40장)이나 강조되어 있습니다. "그 후에 구름이 회막에 덮이고 여호와의 영광이 성막에 충만하매"(출 40:34) 합니다.

㉡ 어찌하여 하나님의 명하신 대로 행해야만 하는가? "이는 여호와께서 너희에게 하라고 명하신 것이니 여호와의 영광이 너희에게 나타나리라"(9:6)한, "영광의 나타남" 때문입니다. 명하신 대로 하지 않았어도 여호와의 영광이 나타나고 충만했겠습니까? 그러므로 오늘날도 "목사를 위임하는 일, 장로와 제직을 세우는 일, 재정을 관리하는 일" 등 교회의 모든 일을 "여호와의 명하신" 성경(聖經)대로 섬기기만 한다면 여호와의 영광이 나타나고 충만한 "영광스런 교회"(엡 5:27)가 될 것을 확신하게 됩니다.

㉢ 그러므로 "명하신 대로" 섬겨야 한다는 것은 교회를 교회되게 하는 사활(死活)적으로 중요한 요점입니다. 명하신 대로 행하지 않는다면, "내가 네게 가서 네 촛대를 그 자리에서 옮기리라"(계 2:5)하심 같이 더 이상 교회가 아닌 것입니다. 그러면 신약교회에 "명하신 바"가 무엇인가? 성경 전체라고 말할 수가 있는데 그 중에 특히 목회서신으로 주

어진 것입니다.

예를 들면, "그러므로 감독은 책망할 것이 없으며 한 아내의 남편이 되며 절제하며 신중하며 단정하며 나그네를 대접하며 가르치기를 잘하며, 이와 같이 집사들도 정중하고 일구이언을 하지 아니하고 술에 인박히지 아니하고 더러운 이를 탐하지 아니하고 깨끗한 양심에 믿음의 비밀을 가진 자라야 할지니 이에 이 사람들을 먼저 시험하여 보고 그 후에 책망할 것이 없으면 집사의 직분을 맡게 할 것이요"(딤전 3:2, 8-10)합니다.

② 위임식에 있어서 첫째로 중요한 요점은 6-9절에 나타난 아름다운 옷으로 꾸민 것인데 이를 요약을 하면,

㉠ "물로 씻기고"

㉡ "속옷을 입히고"

㉢ "겉옷을 입히고"

㉣ 그 위에 "에봇을 더하고"

㉤ "흉패를 붙이고"

㉥ "흉패에 우림과 둠밈을 넣고"

㉦ "머리에 관을 씌우고"

㉧ "그 관 위 전면에 금패를 붙이니 곧 거룩한 관이라 여호와께서 모

세에게 명하신 것과 같았더라"(9) 합니다. 제사장의 "에봇·흉패·관"에 대해서는 출애굽기 편에서 자세히 말씀을 드렸습니다. 제사장의 옷이 우리에게는 "너희는 유혹의 욕심을 따라 썩어져 가는 구습을 따르는 옛 사람을 벗어 버리고 오직 너희의 심령이 새롭게 되어 하나님을 따라 의와 진리의 거룩함으로 지으심을 받은 새 사람을 입으라"(엡 4:22-24)로 적용이 된다 하겠습니다.

③ 위임식에 있어서 둘째로 중요한 요점은, "또 관유를 아론의 머리에 붓고 그에게 발라 거룩하게 하고"(12)한, "관유를 머리에 붓는" 일입니다. 6-9절에서 언급한대로 대제사장의 옷을 입히고 관을 씌우고 아름답게 꾸몄다 해도 만일 "머리에 관유를 부음"이 없다면 이는 허수아비 제사장인 것입니다.

보라 형제가 연합하여 동거함이 어찌 그리 선하고 아름다운고

머리에 있는 보배로운 기름이 수염 곧 아론의 수염에 흘러서

그의 옷깃까지 내림 같고(시 133:1-2)

㉠ 대제사장 아론의 머리에 관유를 붓습니다. 그 관유가 수염으로 흘러서 옷깃까지 흘러내린다는 것입니다. 무슨 뜻인가? 그리스도는 교회의 머리가 되시고, "그리스도"란 그 머리에 기름 부음을 받으신 분

이신 것입니다. 그런데 기름이 머리에만 머물러 있는 것이 아니라, 머리에 부어진 기름이 흘러내려 그에게 속한 지체라면 아무리 비천한 성도(옷깃)라도 그에게까지 기름이 흘러 내린다는 것입니다. 그래서 "그리스도인"인 것입니다. 이것이 "형제가 연합하여 동거함", 즉 교회의 영광스럽고 아름다움이라는 것입니다.

ⓛ 그런데 "관유"는 제사장의 머리에만 붓는 것이 아닙니다. "모세가 관유를 가져다가 성막과 그 안에 있는 모든 것에 발라 거룩하게 했다"(10)고 말씀합니다. 백성들이 거하는 "천막과 성막"(聖幕)이 무엇으로 구분이 되는가? 교회라는 공동체와 일반 단체가 무엇으로 구분이 되는가? 성도와 불신자가 무엇으로 구분이 됩니까? 결정적인 구분이 "관유가 부어졌느냐" 여부에 있는 것입니다. 교회가 교회됨의 표지는, "하나님의 성령으로 봉사하며 그리스도 예수로 자랑하는"(빌 3:3)것이요, 성도란 "성령으로 거룩하여지고, 성도라 부르심을 받은 자들"(고전 1:2), 즉 그들 속에 성령이 내주하신다는 점입니다. "누구든지 그리스도의 영이 없으면 그리스도의 사람이 아니라"(롬 8:9)고 단언합니다.

④ 셋째는, 위임을 받기 이전에 자신을 위한 "속죄제"(14)와 헌신을 상징하는 "번제의 숫양"(18)을 드렸습니다.

㉠ 이점이 예표의 인물과 참 대제사장의 다른 점인데 예표의 인물은 자신도 "죄인"이기 때문에 먼저 "속죄제"를 드려야만 했습니다. 이점을

히브리서는, "그는 저 대제사장들이 먼저 자기 죄를 위하고 다음에 백성의 죄를 위하여 날마다 제사 드리는 것과 같이 할 필요가 없으니 이는 그가 단번에 자기를 드려 이루셨음이라 율법은 약점을 가진 사람들을 제사장으로 세웠거니와 율법 후에 하신 맹세의 말씀은 영원히 온전하게 되신 아들을 세우셨느니라"(히 7:27-28)고 해설해주고 있습니다.

ⓛ 이처럼 자신을 위한 "속죄제와 번제"를 드린 후에야 비로소, "또 다른 숫양 곧 위임식의 숫양을 드릴새 아론과 그의 아들들이 그 숫양의 머리에 안수하매"(22)한, 위임식의 제물을 드렸던 것입니다.

⑤ 그런데 위임식은 여기가 끝이 아니라 넷째로 중요한 요점은 위임식 제물의 "그 피를 가져다가",

㉠ 아론의 오른쪽 귓부리와

㉡ 그의 오른쪽 엄지 손가락과

㉢ 그의 오른쪽 엄지 발가락에 발랐다(23)는 점입니다.

"피"를 귀에 바른 것은 하나님의 말씀을 바르게 알아듣기 위해서요, 손에 바른 것은 하나님의 말씀을 바로 받들기 위함이요, 발에 바른 것은 하나님의 말씀을 바로 준행하기 위해서입니다. 하나님의 명하심이 얼마나 알아듣기 쉽도록 자상하십니까?

그래서 스데반 집사는 그리스도를 배척한 유대인들을 향해서, "목이 곧고 마음과 귀에 할례를 받지 못한 사람들아 너희도 너희 조상과 같이 항상 성령을 거스르는도다 너희 조상들이 선지자들 중의 누구를 박해하지 아니하였느냐 의인이 오시리라 예고한 자들을 그들이 죽였고 이제 너희는 그 의인을 잡아 준 자요 살인한 자가 되나니 너희는 천사가 전한 율법을 받고도 지키지 아니하였도다"(행 7:51-53)고 책망했던 것입니다.

피로 사신 주님의 몸된 교회를 위하여 세움을 받은 "목사·장로·권사·집사·교사" 등 여러 형제들이여, 여러분은 이런 구속사적인 의미와 순서를 통해서 세움을 받으셨습니까? 주의 일을 하는, 즉 번제를 드리는 것이 먼저가 아닙니다. "그로 말미암아 우리가 은혜와 사도의 직분을 받아"(롬 1:5)라고 한 속죄제, 즉 구속의 은혜를 받는 것이 먼저입니다. 그런 후에 "직분"을 받아 성령으로 봉사하게 된다는 점입니다. 여러분의 귓부리와 엄지 손가락과 엄지 발가락에 십자가의 피가 발라져 있습니까?

그리하여 "여호와의 명하신 대로" 주님의 몸 된 교회를 섬기고 있습니까? 그러면 형제가 섬기는 교회는 영광스런 교회임에 분명합니다. 이것이 "명하신 대로 제사장 위임식을 행함"입니다.

날 대속하신 예수께 내 생명 모두 드리니

늘 진실하게 하소서 내 구주 예수여

나 구주 위해 살리라 내 기쁨 한량 없으리

내 갈 길 인도하소서 내 구주 예수여. (322장)

레위기 9:15-24 분석도표

주제 : 첫 예배를 드림과 여호와의 영광이 나타남

백성을 위한 예물

15-21

15 그가 또 **백성의 예물을 드리되** 곧
  전과 같이 죄를 위하여 드리고

| 백성을 위한 속죄제의 염소를 가져다가 잡아 |

16 또

17 또
  그 중에서 그의 손에 한 움큼을 채워서
  아침 번제물에 더하여 제단 위에서 불사르고

| 번제물을 드리되 규례대로 드리고 |
| 소제를 드리되 |

| 백성을 위하는 화목제물의 수소와 숫양을 잡으매 |

18 또
  아론의 아들들이 그 피를 그에게로 가져오니 그가 제단 사방에 뿌리고

19 그들이 또 수소와 숫양의 기름과 기름진 꼬리와 내장에 덮인 것과 콩팥과
  간 꺼풀을 아론에게로 가져다가

20 그 기름을 가슴들 위에 놓으매 아론이 그 기름을 제단 위에서 불사르고

21 가슴들과 오른쪽 뒷다리를 그가 여호와 앞에 요제로 흔드니

| 모세가 명령한 것과 같았더라 |

축복

22-24

22

| 아론이 백성을 향하여 손을 들어 축복함으로 |
| 속죄제와 번제와 화목제를 마치고 내려오니라 |

23 모세와 아론이 회막에 들어갔다가 나와서

| 백성에게 축복하매 |

| 여호와의 영광이 온 백성에게 나타나며 |
| 불이 여호와 앞에서 나와 제단 위의 번제물과 기름을 사른지라 |

24

온 백성이 이를 보고 소리 지르며 엎드렸더라

첫 예배를 드림과
여호와의 영광이 나타남

설교 작성노트

9장은 제사장으로 위임을 받은 아론과 그의 아들들이 첫 번으로 제사장 직무를 수행하는, 즉 첫 예배를 집전하는 내용이다. 중심점은 "여호와의 영광이 너희에게 나타나리라"(6) 한데 있다. 그리고 예배를 드리고, "백성에게 축복하매" 말씀한 대로 "여호와의 영광이 온 백성에게 나타났다"(23)고 말씀한다. 예배는 이처럼 경이로운 것이다. 이를 증언하려는 것이 내용목적이다.

그런데 이처럼 영광스런 예배가 되기 위해서는 명심해야 할 점이 있는데, "여호와의 명하신 대로" 했다는 말씀이 4번(6, 7, 10, 21)이나 등장한다는 점이다. 오늘날도 주님의 피로 사신 교회를 "여호와의 명하신 대로” 섬기기만 한다면 “자기 앞에 영광스러운 교회”(엡 5:27)로 세우신다는 확신이다. 여기에 적용목적이 있는 것이다.

강론

9장은 8장에서 대제사장으로 위임을 받은 대제사장 아론이 첫 번으로 제사장 직무를 수행하는, 즉 첫 예배를 집전하는 내용입니다. 창세기에도 번제를 드리는 기사가 있고, 출애굽기에서도 번제를 드리는 장면이 있습니다만, “제사제도를 명하시고, 제사장으로 위임을 받아, 여호와께서 명하신” 규례를 따라 정식(正式)으로 제물을 드리는 것은 레위기 9장이 처음인 것입니다.

이런 맥락에서 중심점은 예배를 드리는, “오늘 여호와께서 너희에게 나타나실 것임이니라”(4)한, “여호와의 임재”에 있습니다. 또한 “이는 여호와께서 너희에게 하라고 명령하신 것이니 여호와의 영광이 너희에게 나타나리라”(6)한, “영광”에 있습니다. 영광이 나타나리라는 것은 우리의 예배를 하나님께서 기쁨으로 받으셨다는 증거가 되는 것입니다. 얼마나 그립고도 사모해야 할 말씀인가?

① 그러므로 먼저 “여호와의 영광을 나타내심”이라는 주제를 구속

사라는 맥락에서 간략하게나마 살펴 보아야만 하겠습니다.

㉠ 모세의 성막이 완성되었을 때에, "구름이 회막에 덮이고 여호와의 영광이 성막에 충만하매"(출 40:34) 합니다.

㉡ 솔로몬의 성전이 완성되었을 때, "불이 하늘에서부터 내려와서 그 번제물과 제물들을 사르고 여호와의 영광이 그 성전에 가득하니"(대하 7:1) 합니다.

㉢ 이 예표가, "말씀이 육신이 되어 우리 가운데 거하시매 우리가 그의 영광을 보니 아버지의 독생자의 영광이요 은혜와 진리가 충만하더라"(요 1:14)고, 실체(實體)로 성취가 되었던 것입니다.

㉣ 그리고 예수 그리스도의 구속으로 말미암아, "너희는 너희가 하나님의 성전인 것과 하나님의 성령이 너희 안에 계시는 것을 알지 못하느냐"(고전 3:16)고, 하나님의 영광이 교회(敎會)로 적용이 되었다는 것이 구속사의 맥락인 것입니다.

궁극적으로는 하나님께서 이루어나가시는 구원계획의 성취는, "그 성은 해나 달의 비침이 쓸 데 없으니 이는 하나님의 영광이 비치고 어린 양이 그 등불이 되심이라"(계 21:22-23)한, 태양 빛이 필요 없는 영광의 나라를 이루심인 것입니다. 그 때는 "성 안에서 내가 성전을 보지 못하였으니 이는 주 하나님 곧 전능하신 이와 및 어린 양이 그 성전이심이라"합니다. 하나님은 무엇이 부족하신 것 같이 모세의 성막과 솔로몬의 성전과 같은 물리적인 "건물"에 계시는 분이 아니신 것입니다.

이상에서 보는 바와 같이 구약의 제사제도, 즉 예배는 "장차 올 좋은 일의 그림자일 뿐이요 참 형상이 아니라"(히 10:1)는 점입니다. 그런데 이제는 "이 비밀은 만세와 만대로부터 감추어졌던 것인데 이제는 그의 성도들에게 나타났다"(골 1:26)고 말씀합니다. 그렇다면 신령과 진리로 드리는 새 언약의 예배는 구약의 의식(儀式)적인 예배에 비할 수 없을 정도로 경이로움과 영광스러운 것이 되어야 마땅하지 않겠습니까?

① 9장은 "여덟째 날에"(1), 이렇게 시작이 됩니다. 이 말씀이 앞의 문맥으로는 8:33절의 "위임식은 이레 동안 행하나니"한 말씀과 결부가 됩니다. 그러니까 첫 예배는 7일 동안의 위임식이 끝나는 "여덟째 날에" 드려졌던 것입니다.

예배드리는 순서를 보면 먼저는 대제사장인 아론 자신을 위한 "속죄제와 번제"(7)를 드리는 것으로 시작이 됩니다. 왜냐하면 아론 자신도 하나님 앞에는 죄인이기 때문입니다. 그런 후에 "그가 또 백성의 예물을 드리되 곧 백성을 위한 속죄제의 염소를 가져다가 잡아 전과 같이 죄를 위하여 드리고"(15), 즉 백성들을 위한 제물을 드렸습니다. 15-21절에 나타난 절차를 요약을 하면,

ㄱ 먼저 백성을 위한 "속죄제"를 드리고,

ㄴ 그 후에 백성을 위한 "번제"를 드립니다.

ㄷ 그리고 백성을 위한 "소제"를 드리고,

㉣ 마지막으로 백성을 위하는 "화목제"를 드립니다. "속죄제 →번제 →소제 →화목제"의 순서로 드려졌습니다. "화목제"는 하나님과 화목하고 이웃과 화목하게 되었다는 두 방면의 의미가 있는 것입니다.

② "아론이 백성을 향하여 손을 들어 축복함으로 속죄제와 번제와 화목제를 마치고 내려오니" 한 22-24절의 내용을 이해에 도움을 드리기 위해서 재구성을 해보면 위임식 기간 동안 칠 주야를 성소 안에 있던 대제사장이 팔일에 첫 예배, 즉 백성들을 위하여 "속죄제와 번제와 화목제를 마치고 내려오는"(22)것으로 볼 수가 있습니다. 그러니까 대제사장은 "위임식은 이레 동안 행하나니 위임식이 끝나는 날까지 이레 동안은 회막 문에 나가지 말라"(8:33)한 대로 성막 안에 감추어져 있는 상태에 있었다가 "여덟째 날"에 첫 예배를 드리고 백성들 앞에 나타난 것으로 재구성(再構成)할 수가 있다는 말씀입니다. 백성들은 대제사장을 칠일 동안 보지를 못하고 있다가 팔일이 되는 날에야 아름답고 영광스런 모습으로 나타나는 대제사장을 드디어 만나게 되는 것입니다.

㉠ 이때 대제사장 "아론이 백성을 향하여 손을 들어 축복"을 합니다. 예배는 하나님께는 영광을 돌리고 백성들에게 축복하는 축제인 것입니다.

㉡ 그러자 드디어 "여호와의 영광이 온 백성에게 나타나며"(23) 합니다.

ⓒ 그리고 "불이 여호와 앞에서 나와 제단 위의 번제물과 기름을 사른지라"(23)합니다. 얼마나 경이롭고 영광스런 예배인가!! 아론과 백성들의 감격이 어떠했을 것인가? 이는 하나님께서 그들이 드린 예배를 기쁘게 받으셨다는 증거인 것입니다.

③ 이점에서 "불이 여호와 앞에서 나와 제단 위의 번제물을 살랐다"(23)는 점을 강조해야만 하겠습니다. 왜냐하면 이는 첫 예배요, 그러므로 마치 하나님께서 번제단에 점화(點火)를 하신 것과 같기 때문입니다. 갈멜산에서도, "여호와의 불이 내려서 번제물과 나무와 돌과 흙을 태우고 또 도랑의 물을 핥은지라"(왕상 18:38)합니다.

ⓐ 이점을 주목하게 되는 것은 첫째로, 이 장면이 "여호와의 명하신" 규례대로 드린 첫 예배라는 점이고, 둘째는 그 이후로, "제단의 불이 그 위에서 꺼지지 않게 할 것이요"(6:9)라고 보존(保存)하라 하셨기 때문입니다. 그렇다면 꺼지지 않게 보존해야 할 번제단의 불은 여호와께서 점화(點火)를 하신 "불"로 보는 것이 합당하지 않느냐 하는 점입니다.

물론 그에 앞서 아론이 백성들을 위한 제물을 "제단 위에서 불사르고"(17, 20)한 말씀이 나타납니다만 이는 예비적인 것이었을 뿐 "꺼지지 않게" 자손 대대로 보존해야 할 번제단의 불은, "여호와 앞에서 나온 불", 즉 하나님께서 점화한 "불"로 보아야 할 것입니다. 이점이 다음 장에서 나답과 아비후가, "여호와께서 명령하시지 아니한 다른 불을 담아 여호와 앞에 분향하였다가"(10:1) 죽임을 당하는 사건과도 자연스럽게 연결이 되기 때문입니다.

ⓛ 이 영광스러움이 새 언약 하에 있는 우리에게는 어떻게 적용이 되는가? 모세는, "오늘 여호와께서 너희에게 나타나실 것임이니라"(4)고 말했고 주님은, "아버지께서 약속하신 것을 기다리라"하셨는데, "오순절 날이 이미 이르매 그들이 다 같이 한 곳에 모였더니 홀연히 하늘로부터 급하고 강한 바람 같은 소리가 있어 그들이 앉은 온 집에 가득하며 마치 불의 혀처럼 갈라지는 것들이 그들에게 보여 각 사람 위에 하나씩 임하여 있더니"(행 2:1-3) 한 성령의 불이 교회에 임하심으로 영광이 나타났던 것입니다. 그러니까 성령께서 강림하심은 신약교회가 첫 예배를 드리는 번제단에 점화가 된 것과 같다 하겠습니다.

ⓒ 그런데 "만일 누가 가서 우리가 전파하지 아니한 다른 예수를 전파하거나 혹은 너희가 받지 아니한 다른 영을 받게"(고후 11:4)한다면 이는 여호와께서 명하시지 아니한 다른 불을 담아 분향하는 것과 같은 것이 되는 것입니다.

ⓔ 그리하여 구약교회의 첫 예배는, "온 백성이 이를 보고 소리 지르며, 엎드렸더라"(24)고 마치고 있습니다. "소리를 질렀다"는 것은 환성(歡聲)이요, "엎드렸더라"는 것은 경외(敬畏)심의 표현입니다.

④ 오순절 성령강림 후에 베드로 사도가 행한 첫 설교는, "이는 곧 선지자 요엘을 통하여 말씀하신 것이니 일렀으되 하나님이 말씀하시기를 말세에 내가 내 영을 모든 육체에 부어 주리니"(행 2:16-17)한, 성령의 나타나심을 선포하는 것으로 시작이 되었습니다. 그 결과, "이 날에 신도의 수가 삼천이나 더하더라"(41)합니다.

㉠ 그 이후에 바울 사도는, "성령을 소멸하지 말며"(살전 5:19), 즉 꺼지지 않게 하라고 명했던 것입니다. 그 후로 복음전도는, "내 말과 내 전도함이 설득력 있는 지혜의 말로 하지 아니하고 다만 성령의 나타나심과 능력으로 하여 너희 믿음이 사람의 지혜에 있지 아니하고 다만 하나님의 능력에 있게 하려 하였노라"(고전 2:4-5)한 성령의 사역이었던 것입니다. "이는 우리 복음이 너희에게 말로만 이른 것이 아니라 또한 능력과 성령과 큰 확신으로 된 것임이라"(살전 1:5)라고 증언합니다.

㉡ 베드로 사도가 고넬료의 집에 보냄을 받아, "그를 믿는 사람들이 다 그의 이름을 힘입어 죄 사함을 받는다 하였느니라"고 설교를 하자 어떤 일이 일어났는가? "베드로가 이 말을 할 때에 성령이 말씀 듣는 모든 사람에게 내려오시니"합니다. 그러자 "베드로와 함께 온 할례 받은 신자들이 이방인들에게도 성령 부어 주심으로 말미암아 놀라니"(행 10:43-45), 즉 "소리를 지르며 엎드린" 셈입니다.

⑤ 이런 맥락에서, "돌에 써서 새긴 죽게 하는 율법 조문의 직분도 영

광이 있어 이스라엘 자손들은 모세의 얼굴의 없어질 영광 때문에도 그 얼굴을 주목하지 못하였거든 하물며 영의 직분은 더욱 영광이 있지 아니하겠느냐" 하면서, "정죄의 직분도 영광이 있은즉 의의 직분은 영광이 더욱 넘치리라 "(고후 3:8-10)한 말씀을 되새겨보아야 할 것입니다.

㉠ 우리에게 주어진 직분은 이처럼 영광스러운 직분이요, "예수의 피"를 힘입어 은혜의 보좌 앞에 담대히 들어가는 신령과 진리로 드려지는 새 언약의 예배에는 더욱더 "여호와의 영광이 너희에게 나타나리라"는 점을 확신하게 되는 것입니다.

㉡ 그러하건만 현대교회는 지금 "여호와께서 명하시지 않은 다른 불을 담아" 예배를 드리고 있는 것은 아닌지 심각하게 고민해야 할 것입니다. 여러분들에게도 예배드리는 오늘, "하나님의 영광이 나타나리라"는 기대와 설래임이 있습니까? 형제가 첫 예배의 감격을 경험한 것은 언제입니까? 한국교회는 첫 예배 때의 감사와 감격과 영광을 회복하는 일이 무엇보다 급선무라 하겠습니다. 이것이 "첫 예배를 드림과 여호와의 영광이 나타남"입니다.

> 불길 같은 주 성령 간구하는 우리게
> 지금 강림하셔서 영광 보여 주소서
> 성령이여 임하사 우리 영의 소원을
> 만족하게 하소서 기다리는 우리게
> 불로 불로 충만하게 하소서 아멘. (184장)

레위기 10:1-11 분석도표

주제 : 번제단의 불, 다른 불, 소멸하는 불

다른 불

1-2

1 아론의 아들 나답과 아비후가 각기 향로를 가져다가

여호와께서 명령하시지 아니하신 다른 불을 담아

여호와 앞에 분향하였더니

2 불이 여호와 앞에서 나와 그들을 삼키매 그들이 여호와 앞에서 죽은지라

옷을 찢지 말라

3-7

3 모세가 아론에게 이르되 이는 여호와의 말씀이라 이르시기를

나는 나를 가까이 하는 자 중에서 내 거룩함을 나타내겠고

온 백성 앞에서 내 영광을 나타내리라 하셨느니라   아론이 잠잠하니

4 모세가 아론의 삼촌 웃시엘의 아들 미사엘과 엘사반을 불러 그들에게 이르되

나아와 너희 형제들을 성소 앞에서 진영 밖으로 메고 나가라 하매

5 그들이 나와 모세가 말한 대로 그들을 옷 입은 채 진영 밖으로 메어 내니

6 모세가 아론과 그의 아들 엘르아살과 이다말에게 이르되

너희는 머리를 풀거나 옷을 찢지 말라

그리하여 너희가 죽음을 면하고

여호와의 진노가 온 회중에게 미침을 면하게 하라 오직 너희 형제 이스라엘

온 족속은 여호와께서 치신 불로 말미암아 슬퍼할 것이니라

7 여호와의 관유가 너희에게 있은즉   너희는 회막 문에 나가지 말라

그리하면 죽음을 면하리라 그들이 모세의 말대로 하니라

분별력

8-11

8 여호와께서 아론에게 말씀하여 이르시되

9 너와 네 자손들이 회막에 들어갈 때에는 포도주나 독주를 마시지 말라

그리하여 너희 죽음을 면하라

이는 너희 대대로 지킬 영영한 규례라

10 그리하여야

너희가 거룩하고 속된 것을 분별하며

부정하고 정한 것을 분별하고

11 또 나 여호와가 모세를 통하여 모든 규례를 이스라엘 자손에게 가르치리라

번제단의 불, 다른 불, 소멸하는 불

설교 작성노트

8장에서 성대한 위임식을 행하고, 9장에서 영광스런 첫 예배를 인도한 제사장이 10장에서 여호와의 불에 즉사하는 불상사가 일어났다. 원인은 예배를 드리지 않아서가 아니라, "명령하시지 아니한 다른 불", 즉 "잘못 된 예배"를 드렸기 때문이라는 점을 주목해야만 한다. 그렇다면 "명하신 불은 무엇이며, 다른 불은 무엇인가"라고 당연히 물어야 한다. 이를 증언하려는 것이 내용목적이다.

이와 대칭을 이루고 있는 것이 아나니아와 삽비라가 예물을 드리다가 즉사한 일이다. 그러면 오늘날도 나답·아비후·아나니아·삽비라처럼 예배나 예물을 드리다가 즉사하는 일이 일어나는가? 아니다. 그러나 하나님은 알고 계신다. 이에 대한 심판은 주의 날에 이루어질 것이다. 그래서 이를 예시적인 계시라 말한다. 여기에 적용목적이 있는 것이다.

강론

8장에서 성대한 위임식을 거행하고, 9장에서 첫 예배를 인도함으로 하나님의 영광을 경험한 제사장이, 10장에서 여호와의 불에 죽임을 당하는 불상사가 일어났습니다. 어찌하여 제사장이 예배를 드리다가 하나님께 죽임을 당했는가? 그 원인은 예배를 드리지 않아서가 아니라, "명령하시지 아니하신 다른 불로" 분향, 즉 잘못된 예배를 드렸기 때문입니다.

그러므로 이 경계가 우리와 무관한 것이 아니라 바른 예배, 바른 기도를 드려야 한다는 시대를 초월하여 모든 하나님의 백성들에게 경고가 되는 중요한 주제인 것입니다. 그러니까 우리가 예배를 드리다가 또는 기도를 드리다가 죽임을 당하는 일은 일어나지 않을 것입니다. 그러나 모든 예배, 모든 기도가 바른 것은 아니라는 점을 일깨워주는 경고인 것입니다. 오늘날은 "하나님은 사랑이시라"하는 사랑만 내세울 뿐 하나님의 거룩하심과 의로우심에 대한 경외(敬畏)심에 대해서는 너무나 모르고 소홀한 것이 사실입니다. 그러므로 본문은 예배드리는 나 자신의 자세와 중심을 점검하게 합니다.

① 이런 맥락에서 10장에는, "하나님이 명하신 불, 다른 불, 소멸하는 불", 이렇게 세 가지 불이 나타납니다. 그리하여 10장은 9장과는 상반(相反)된 상황입니다.

㉠ 9장에서는 "여호와의 영광이 너희에게 나타나리라"(9:6) 했는데, 10장에서는 여호와의 진노가 나타나고,

㉡ 9장에서는 "단 위의 번제물과 기름을 사르는 불"(9:24), 즉 예배를 기쁘심으로 받으시는 불이 임했는데, 10장에서는 제사장 나답과 아비후를 죽이는 불, 즉 심판하시는 불이 나타났습니다. 그 이유는 단 한 가지, 9장에서는 "여호와의 명하신 대로"(9:21) 행했고, 10장에서는 "여호와의 명하신 대로 행하지 않았기"(1) 때문입니다.

② 그러면 "여호와께서 명하신 불"은 어떤 불인가라고 물어야만 마땅합니다. 그런데 이처럼 중대한 문제에 대해서 본문은 아무런 설명을 하고 있지 아니합니다. 왜 그럴까요? 이쯤은 당연히 깨달을 수 있으리라 여겼기 때문이 아니겠습니까? 그러므로 이를 깨닫기 위해서는 레위기뿐만이 아니라 구속사라는 넓은 맥락으로 보아야만 "여호와의 명하신 불과 다른 불"의 의미가 들어나게 됩니다.

㉠ 제사장 "나답과 아비후가 각기 향로(香爐)를 가져다가"(1) 여호와께서 명령하시지 아니한 다른 불을 담아 분향했다 하는데 계시록에는, "천사가 향로(香爐)를 가지고 제단(祭壇)의 불을 담아다가 땅에 쏟으매

우뢰와 음성과 번개와 지진이 나더라"(계 8:5)는 장면이 있습니다. 그러면 천사가 향로에 불을 담은 "제단"은 어느 제단인가를 확정해야만 합니다.

계시록 8:3절에서는 "제단과 금 제단"을 구분해서 언급하고 있습니다. "금 제단"이 향단이라면 "제단"은 번제단이 분명한 것입니다. 그러면 번제단의 불을 향로에 담아다가 땅에 쏟는 의도가 무엇이며, 어찌하여 "우뢰·번개·지진"과 같은 재앙으로 나타나게 되는가 하는 점입니다.

번제단의 불은 우리 죄로 말미암아 대신 진노를 당하신 그리스도의 고난을 상징합니다. 그런데 하나님의 아들이 대속제물이 되셨다는 복음을 배척하고 믿지 않는다면 자기의 죄에 대한 하나님의 진노를 자신이 받을 수밖에는 다른 방도가 없다는 점을 나타내는 것입니다.

㉡ 이점이 계시록 16:7절에서, "또 내가 들으니 제단이 말하기를 그러하다 주 하나님 곧 전능하신 이시여 심판하시는 것이 참되시고 의로우시도다 하더라"고 말하는 데서 분명하게 드러납니다. 어찌하여 하나님의 "심판"이 공의로우시다는 점을 "제단"(祭壇)이 선포하고 있는가? 이 제단은 어느 제단인가? 이는 번제단인데 하나님께서 우리 대신 자기 아들을 정죄하신 십자가에 대한 상징인 것입니다. 그런데 이를 배척하고 믿지 않는 자들을 심판하신다는 것은 너무나 "참되시고 의로우신" 처사라는 뜻입니다.

③ 이런 구속사적인 맥락으로 볼 때, "나답과 아비후가 각기 향로를 가져다가 여호와께서 명령하시지 아니하신 다른 불을 담아 여호와 앞에 분향하였더니"(1)한, "다른 불"이란 번제단의 불이 아니었다는 것이 됩니다.

㉠ 그 이유는 첫째로 문맥적으로 볼 때 그러합니다. 9장은, "불이 여호와 앞에서 나와 제단 위의 번제물과 기름을 사른지라 온 백성이 이를 보고 소리 지르며 엎드렸더라"(9:24)고 마치고 있고, 10장은 "아론의 아들 나답과 아비후가 각기 향로를 가져다가 여호와께서 명령하시지 아니하신 다른 불을 담아 여호와 앞에 분향하였더니"(10:1)하고 시작이 되는 문맥인 것입니다. 그렇다면 "여호와께서 명하신 불"은 번제단의 불로 보아야 한다는 것은 자연스런 것입니다.

㉡ 보다 결정인 이유는 구속사적으로 볼 때 더욱 분명하게 드러납니다. "불이 여호와 앞에서 나와 제단 위의 번제물과 기름을 사른지라" 한 것은, 번제를 기쁘게 받으셨다는 의미만 있는 것이 아닙니다. "번제물을 사른 불"은 우리가 받아야 할 진노를 번제로 드려지는 제물에게 쏟으셨다는 심판의 의미가 있다는 점을 인식해야만 합니다. 그런데 그 "불"이 번제가 아닌 나답과 아비후를 삼켰다는 것은 번제를 통한 대속(代贖)을 불신했다는 증거가 되기 때문입니다.

④ 16장에 보면 속죄일에 아론은 자기를 위한, "속죄제 수송아지를

잡고, 향로를 가져다가 여호와 앞 제단 위에서 피운 불을 그것에 채우고"(12-13)라고 말씀합니다. 그러면 "제단 위에서 피운 불"을 향로에 채웠다는 "제단"은 향단을 가리키는가? 아니면 번제단을 가리키는 것인가?

㉠ 이 제단은 번제단으로 보아야 할 것입니다. 왜냐하면 "속죄제 수송아지를 잡고, 향로에 불을 채웠다"고 말씀하기 때문입니다. "속죄제 수송아지를 잡는" 곳은 향단이 아니라 번제단인 것입니다. 그러니까 아론은 번제단의 불을 향로에 담아가지고 지성소에 들어가서 분향을 한 것으로 보아야 할 것입니다.

㉡ 이점에서 인식해야 할 점은 "성막" 양식(樣式)에 있어서 중심점은 하나님의 임재를 상징하는 지성소(至聖所)라 할 것입니다. 그런데 이는 하나님을 중심으로 하여 볼 때 그러하고, 죄인을 중심으로 하여 볼 때는 "번제단"에 중심점이 있는 것입니다. 왜냐하면 번제단을 통과하지 않고는 하나님 앞으로 나아갈 수가 없기 때문입니다. 그리고 진리는 번제단 자체에 있는 것이 아니라 번제단에서 드려진 "대속제물과 이를 사른 불"에 있는 것입니다. 이런 구속사라는 맥락으로 볼 때, "여호와께서 명하신 불"은 번제단의 불이 명백하다 할 것입니다.

㉢ "다른 불로 분향했다"한 "분향"(焚香)은 기도를 상징하는데, 우리의 기도는 마치 번제단의 불을 담아다가 분향하는 것과 같은 것입니다. 우리가 "예수 그리스도의 공로"가 아닌 다른 이름으로 기도한다는 것

이 용납이 된단 말입니까? 이점을 신약성경에서는, "우리가 예수의 피를 힘입어 성소에 들어갈 담력을 얻었나니"(히 10:19)라고 말씀합니다.

하나님께서 모세에게 명하신 성막의 식양은 한 마디로 그리스도를 통하여 성취하실 구속교리에 대한 모형이요, 의문에 가려있는 복음이었던 것입니다. 그런데 "여호와께서 명령하시지 아니하신 다른 불"을 담아 분향을 한다면 이는 "다른 복음"이 되어 죽임을 당할 수밖에는 없는 것입니다.

⑤ 나답과 아비후가 즉사하자 모세는 아론을 향해, "이는 여호와의 말씀이라 이르시기를 나는 나를 가까이 하는 자 중에서 내 거룩함을 나타내겠고 온 백성 앞에서 내 영광을 나타내리라 하셨느니라"(3)고, 하나님의 말씀을 상기시킵니다. 무슨 뜻이냐 하면 불신자들이 하나님의 말씀을 멸시하고 복음을 무시한다는 것은 그러려니 하시지만 믿는 자들이, 더욱이나 제사장들이 복음을 무시하는 것은 용납하시지 않으신다는 뜻입니다.

㉠ "내 영광을 나타내리라 하셨느니라"고 말씀하는데 주님은 십자가를 앞에 놓고, "아버지의 이름을 영광스럽게 하옵소서"(요 12:28) 하셨습니다. 주님은 우리가 멸시한 하나님의 의로우심과 거룩하심과 영광을 나타내기 위해서 죽으셨으나, "다른 불"을 드리다가 죽은 나답과 아비후는 자신들이 멸시한 하나님의 거룩하심과 영광을 나타내기 위

해서 죽어야만 했던 것입니다.

ⓛ 또 모세는 아론에게, "너희는 머리를 풀거나 옷을 찢지 말라 그리하여 너희가 죽음을 면하고 여호와의 진노가 온 회중에게 미침을 면하게 하라"(6) 합니다. "머리를 풀고 옷을 찢는" 행위는 극도의 슬픔과 절망을 나타내는데, "여호와의 관유"가 부어진 제사장이 이렇게 한다는 것은 하나님에 대한 불신앙이 되기 때문에 죽임을 당할 죄에 해당이 된다는 것입니다.

⑥ 10장에는 제사장들이 범한 두 가지 잘못이 있는데, 다른 하나는 속죄제로 드린 제물의 고기를 먹지 않고 불살라버린(16) 일입니다. 모세가 "노하였다" 합니다. 그러자 그들이, "속죄제와 번제를 여호와께 드렸어도 이런 일이 내게 임하였거늘 오늘 내가 속죄제물을 먹었더라면 여호와께서 어찌 좋게 여기셨으리요"라고 변명하니, "모세가 그 말을 듣고 좋게 여겼더라"(19-20), 즉 "듣고 보니 그럴 만도 하구나" 했을 뿐 그 잘못에 대해서는 징벌하지 않으셨습니다.

ⓧ 그러나 "다른 불"은 용납하실 수가 없으셨던 것입니다. 왜냐하면 이는 여호와의 명하심을 몰랐기 때문이 아니라, 즉 부지중에 지은 죄가 아니라 고의로 저지른 죄라고 밖에는 달리는 변명할 여지가 없었기 때문입니다. 그렇습니다. 자신의 죄와 백성들의 죄를 대속한 "번제단의 불"을 부정(否定)한 죄는 달리는 해결함을 받을 길이 없는 것입니다.

이를 신약성경에서는, "하물며 하나님의 아들을 짓밟고 자기를 거룩하게 한 언약의 피를 부정한 것으로 여기고 은혜의 성령을 욕되게 하는 자가 당연히 받을 형벌은 얼마나 더 무겁겠느냐 너희는 생각하라"(히 10:29)고 경고하십니다.

ⓛ 제사장이 죽은 사건이 있은 후에 하나님께서는, "너와 네 자손들이 회막에 들어갈 때에는 포도주나 독주를 마시지 말라 그리하여 너희 죽음을 면하라 이는 너희 대대로 지킬 영영한 규례라"(9)고 경계하십니다. 이 경계로 미루어 볼 때 나답과 아비후가 그런 잘못을 범한 것은 술에 취하여 분별력을 상실했기 때문이 아닌가 하고 생각하게 합니다. 이점이 "그리하여야 너희가 거룩하고 속된 것을 분별하며 부정하고 정한 것을 분별하고"(10)라는 말씀에 나타납니다.

나답과 아비후가 여호와께서 명령하시지 아니하신 "다른 불"을 담아 분향하다가 죽임을 당했다는 사건이 우리에게는 어떻게 적용이 되는가 하는 점입니다. "다른 불"을, "뱀이 그 간계로 하와를 미혹한 것 같이 너희 마음이 그리스도를 향하는 진실함과 깨끗함에서 떠나 부패할까 두려워하노라 만일 누가 가서 우리가 전파하지 아니한 다른 예수를 전파하거나 혹은 너희가 받지 아니한 다른 영을 받게 하거나 혹은 너희가 받지 아니한 다른 복음을 받게 할 때에는 너희가 잘 용납하는구나"(고후 11:3-4)한, "다른 예수·다른 영·다른 복음"으로 여길 수가 있을 것입니다.

초대교회 바울이 사역하던 당시에, "여호와께서 명령하시지 아니하신 다른 불을 담아 분향"한 사람들이 이처럼 많았다면 현대교회는 더욱 그러하다 할 것입니다. "그러나 우리나 혹은 하늘로부터 온 천사라도 우리가 너희에게 전한 복음 외에 다른 복음을 전하면 저주를 받을지어다"(갈 1:8), 즉 죽임을 당하리라고 성경은 경고하고 있습니다. 이것이 "번제단의 불, 다른 불, 소멸하는 불"의 의미입니다.

주님 약속하신 말씀 위에서 성령 인도하는 대로 행하며

주님 품에 항상 안식 얻으며 약속 믿고 굳게 서리라

굳게 서리 영원하신 말씀 위에 굳게 서리

굳게 서리 그 말씀 위에 굳게 서리라. (546장)

레위기 11:41–47 분석도표

주제 : 너희도 거룩하라 분별하라

<table>
<tr><td rowspan="2">부정하게 말라</td><td>

41–43

41 땅에 기어 다니는 모든 길짐승은

42 곧 땅에 기어다니는 모든 기는 것 중에

　　배로 밀어 다니는 것이나 네 발로 걷는 것이나

　　여러 발을 가진 것이라 너희가 먹지 말지니

43 　　너희는 기는바 기어다니는 것 때문에

　　　　또한 그것 때문에

</td><td>

가중한즉 먹지 못할지니

이것들은 가중함이니라

자기를 가중하게 되게 하지 말며

스스로 더럽혀 부정하게 되게 하지 말라

</td></tr>
<tr><td rowspan="1"></td></tr>
</table>

<table>
<tr><td rowspan="2">분별하라</td><td>

44–47

44 　　　　　나는 여호와 너희의 하나님이라

　　땅에 기는 길짐승으로 말미암아

45 　나는 너희의 하나님이 되려고

　　너희를 애굽 땅에서 인도하여 낸 여호와라

46 이는 짐승과 새와 물에서 움직이는 모든 생물과

　　땅에 기는 모든 길짐승에 대한 규례니

47

</td><td>

내가 거룩하니

너희도 몸을 구별하여 거룩하게 하고

스스로 더럽히지 말라

내가 거룩하니 너희도 거룩할지어다

부정하고 정한 것과

먹을 생물과 먹지 못할 생물을

분별한 것이니라

</td></tr>
</table>

너희도 거룩하라 분별하라

설교 작성노트

11장의 문자적인 내용은 "정한 것과 부정한 것, 먹을 것과 먹지 말아야 할 것, 접촉해서는 아니 될 것" 등을 말씀하는 내용이다. 이처럼 경계하는 하나님의 의도가 무엇인가? 이점이 결론부분에 분명히 나타나 있는데, "나는 너희의 하나님이 되려고 너희를 애굽 땅에서 인도하여 낸 여호와라 내가 거룩하니 너희도 거룩할지어다"(45), 즉 "너희 하나님이 거룩하니 백성 된 너희도 거룩해야 한다"는 말씀이다.

핵심은 "너희도 거룩할지어다"에 있는데, 그러면 이런 것들을 먹지 않으면 "거룩하여지는가"라고 묻게 된다. 이점에서 염두에 두어야 할 점은 이스라엘은 출애굽한지 1년 밖에 안 되는 영적으로 하면 한 살 정도 된 어린아이들이라는 점이다. 그들에게 "구별"된 삶을 살아야 한다는 점을 그들의 문화와 눈높이에 맞춰서 경계하신다는 점이다. 그러면 어떻게 해야 거룩할 수가 있는가? 이를 증언하려는 것이 내용목적이요, 적용목적이라 하겠다.

강론

사도 바울은, "우리를 새 언약의 일꾼 되기에 만족하게 하셨다"고 말씀하면서 그러므로 "율법 조문(條文)으로 하지 아니하고 오직 영으로 함이니 율법 조문은 죽이는 것이요 영은 살리는 것이니라"(고후 3:6)고 말씀합니다. 그러니까 새 언약의 일꾼들은 문자만을 보아서는 부족하다는 뜻입니다. 그러면 어떻게 해야 하는가? "누가 주의 마음을 알아서 주를 가르치겠느냐 그러나 우리가 그리스도의 마음을 가졌느니라"(고전 2:16)고, 하나님의 마음을 아는 것이 중요하다고 말씀합니다. 그러므로 본문은 특히 하나님의 의도, 즉 이렇게 경계하시는 하나님의 마음을 알아야만 바르게 해석할 수가 있는 말씀입니다.

① 11장을 통해서 말씀하시고자 하는 하나님의 마음은 크게 두 가지인데 결론부분에 분명하게 나타나 있습니다.

㉠ 첫째는, "나는 여호와 너희의 하나님이라 내가 거룩하니 너희도 몸을 구별하여 거룩하게 하고 땅에 기는 길짐승으로 말미암아 스스로

더럽히지 말라 나는 너희의 하나님이 되려고 너희를 애굽 땅에서 인도하여 낸 여호와라 내가 거룩하니 너희도 거룩할 지어다"(44-45)하신, "너희는 거룩하라"는 말씀입니다.

11장 안에는 "부정(不淨)하다"는 말이 무려 33번이나 등장하고, "가증하다"는 말도 11번이나 나옵니다. 그리고 "먹을 것과 먹지 말아야 할 것" 등을 말씀합니다. 핵심은, "너희도 거룩할 지어다"에 있는데, 그러면 이런 것들을 먹지 않으면 "거룩해지는가" 라고 묻게 됩니다.

이점에서 염두에 두어야 할 점은 하나님의 백성 이스라엘은 출애굽한지 1년 밖에 안 되는 영적으로 하면 어린아이들이라는 점입니다. 그래서 "구별"된 삶을 살아야 한다는 점을 그들의 문화와 눈높이에 맞춰서 이해할 수 있도록 경계하신다는 점입니다.

ⓛ 둘째는, "이는 짐승과 새와 물에서 움직이는 모든 생물과 땅에 기는 모든 길짐승에 대한 규례니 부정하고 정한 것과 먹을 생물과 먹지 못할 생물을 분별한 것이니라"(46-47)하신, "분별력"(分別力)입니다.

"분별"이라는 주제를 문맥적으로 보면 제사장 나답과 아비후가 죽임을 당한 10장의 사건(事件)에 뒤이어 경계하시는 문맥인 것입니다. 제사장들이, "명령하시지 아니하신 다른 불을 담아 분향하다가" 죽임을 당하자 하나님께서는, "너와 네 자손들이 회막에 들어갈 때에는 포도주나 독주를 마시지 말라"고 경계하셨습니다. 왜냐하면 "그리하여야 너희가 거룩하고 속된 것을 분별하며 부정하고 정한 것을 분별"할 수 있기 때문이라는 것입니다.

ⓒ 그런 후에 "모든 규례를 이스라엘 자손에게 가르치리라"(10:9-11)
하셨는데, 바로 이어지는 11장에서 "부정하고 정한 것을 분별"하는 법
을 가르치고 계시는 문맥인 것입니다.

② 이처럼 "거룩하라, 분별하라"는 두 주제는 11장만의 주제가 아
니라 레위기의 중심주제 중 하나입니다. 하나님께서는 원론적(原論的)
인 말씀으로 끝이는 것이 아니라, 생활화하도록 실물교육을 하듯이
구체적으로 제시하시는 것입니다. 그러므로 확고해야 할 점은 이런
규례들을 지켜야만 하나님의 백성들이 되는 것이 아니라, "나는 너희
하나님이 되려고 너희를 애굽 땅에서 인도하여 낸 여호와라"(45상), 즉
이미 하나님의 백성들이 되었기 때문에 성별된 삶을 살라 하신다는
점입니다.

ⓝ 그러므로 본문을 독립된 점으로 취급해서는 아니 되고 구속사라
는 넓은 지평(地平)으로 바라보아야만 하나님의 의도를 바르게 깨달을
수가 있는 것입니다. 지금 하나님의 백성들은 약속의 땅을 향하여 행
진해 나아가게 됩니다. 그런데 약속의 땅은 비어 있는 땅이 아니라 "부
정하고 가증"한 일곱 족속이 거하고 있는, 마치 전염병이 창궐하는 땅
과 같은 것입니다. 그 땅에 들어가서 그들과 섞이지 않고 분별력을 행
사하여 거룩한 삶을 살아가도록 하기 위해서는 특단의 경계가 필요하

다는 점을 아시기에 이런 경계를 하시는 것입니다.

ⓛ 예를 들어 19장은, "너는 이스라엘 자손의 온 회중에게 말하여 이르라 너희는 거룩하라 이는 나 여호와 너희 하나님이 거룩함이니라"(19:2)고 시작하여 19절에서는, "너희는 내 규례를 지킬지어다 네 가축을 다른 종류와 교미시키지 말며 네 밭에 두 종자를 섞어 뿌리지 말며 두 재료로 직조한 옷을 입지 말지며"라고 경계하십니다. 이는 농사법이나 직조법을 말씀하려는 것이 아니라 "섞여서는 안 된다"는 점을 이처럼 경계하시는 것입니다. 그리고 19장도, "나는 너희를 인도하여 애굽 땅에서 나오게 한 너희의 하나님 여호와이니라"(36)고 마치고 있습니다.

ⓒ 실감이 나는 예를 하나 더 들면 신명기 23장에서는, "네 진영 밖에 변소를 마련하고 그리로 나가되 네 기구에 작은 삽을 더하여 밖에 나가서 대변을 볼 때에 그것으로 땅을 팔 것이요 몸을 돌려 그 배설물을 덮을지니"하십니다. 왜 이렇게 하라 하시는가? "이는 네 하나님 여호와께서 너를 구원하시고 적군을 네게 넘기시려고 네 진영 중에 행하심이라 그러므로 네 진영을 거룩히 하라 그리하면 네게서 불결한 것을 보시지 않으므로 너를 떠나지 아니하시리라"(신 23:12-14)하십니다. 어떤 생각이 드십니까? 마치 유치원 어린이들에게 하시는 말씀 같지 않습니까? 하나님께서는 "거룩"이라는 주제를 이처럼 실제적으로 경계하시는 것입니다.

③ 그러므로 이제까지 말씀하신 "성막·제물·제사장" 등 모두가 말씀이 육신이 되어서 자신의 몸을 단번에 드려주실 참대제사장이신 그리스도에 대한 예표이듯이, "부정(不淨)하다, 가증하다"고 적시(摘示)하신 것들도 상징적인 의미로 보아야 한다는 점입니다. 예를 들면, "돼지는 굽이 갈라져 쪽발이로되 새김질을 못하므로 너희에게 부정하다"(7)하셨는데 이제도 돼지고기를 먹으면 안 된다는 말인가?

㉠ 이점이 베드로에게 보여주신 하늘에서 내려온 보자기 환상을 통해서 나타나는데, "그 안에는 땅에 있는 각종 네 발 가진 짐승과 기는 것과 공중에 나는 것들이 있더라 또 소리가 있으되 베드로야 일어나 잡아 먹어라 하거늘 베드로가 이르되 주여 그럴 수 없나이다 속되고 깨끗하지 아니한 것을 내가 결코 먹지 아니하였나이다 한 대 또 두 번째 소리가 있으되 하나님께서 깨끗하게 하신 것을 네가 속되다 하지 말라"(행 10:11-15) 하십니다.

㉡ 바리새인으로서 유별나게 이런 규례들을 지켰던 바울은 진리로 자유함을 얻은 후에는, "어떤 음식물은 먹지 말라고 할 터이나 음식물은 하나님이 지으신 바니 믿는 자들과 진리를 아는 자들이 감사함으로 받을 것이니라 하나님께서 지으신 모든 것이 선하매 감사함으로 받으면 버릴 것이 없나니 하나님의 말씀과 기도로 거룩하여짐이라"(딤전 4:3-5)고 말씀했던 것입니다.

"그러므로 먹고 마시는 것과 절기나 초하루나 안식일을 이유로 누구든지 너희를 비판하지 못하게 하라 이것들은 장래 일의 그림자이나 몸은 그리스도의 것이니라"(골 2:16-17), 즉 자신이 하나님의 성전이요, 그리스도의 지체라는 정체성을 망각하지 않는 것이 중요하다는 뜻입니다. "네게 있는 믿음을 하나님 앞에서 스스로 가지고 있으라 자기가 옳다 하는 바로 자기를 정죄하지 아니하는 자는 복이 있도다 의심하고 먹는 자는 정죄되었나니 이는 믿음을 따라 하지 아니하였기 때문이라 믿음을 따라 하지 아니하는 것은 다 죄니라"(롬 14:22-23)합니다.

④ 이점에서 인식해야 할 점은 구약시대란 신령(복음)한 의미가 의문(儀文)이라는 수건에 가려있던(고후 3:13-14) 시대라는 점입니다. 생축으로 드리는 여러 가지 제사제도가 그러했고, 본문에서 말씀하는 "부정과 가증"한 것도 그러합니다. 궁극적으로 "부정하고 가증"한 것은 "죄의 오염"입니다. 하나님은 이스라엘 민족을 그리스도를 보내실 선민으로 택하셨기에 외적(外的)인 정결을 통해서 내적인 거룩을 유지케 하셨던 것입니다.

다시 강조합니다만 11장을 통해서 말씀하고자 하는 불변(不變)의 진리는, "나는 너희의 하나님이 되려고 너희를 애굽 땅에서 인도하여 낸 여호와라 내가 거룩하니 너희도 거룩할지어다"(45)한, "거룩하라"는 것과 "부정하고 정한 것과 먹을 생물과 먹지 못할 생물을 분별한 것이니라"(47)한 분별(分別)력입니다.

㉠ 그러면 "거룩과 분별"에 대해서 신약성경은 무엇이라 경계하고 있는가를 살펴보겠습니다. 사도 베드로는 본문을 인용하여, "너희가 순종하는 자식처럼 전에 알지 못할 때에 따르던 너희 사욕을 본받지 말고 오직 너희를 부르신 거룩한 이처럼 너희도 모든 행실에 거룩한 자가 되라 기록되었으되 내가 거룩하니 너희도 거룩할지어다 하셨느니라"(벧전 1:14-16)고 권면합니다.

㉡ 사도 바울은 "거룩"에 대해서 "그러므로 형제들아 내가 하나님의 모든 자비하심으로 너희를 권하노니 너희 몸을 하나님이 기뻐하시는 거룩한 산 제물로 드리라 이는 너희가 드릴 영적 예배니라"고 말씀하고, "분별"에 대해서는 "너희는 이 세대를 본받지 말고 오직 마음을 새롭게 함으로 변화를 받아 하나님의 선하시고 기뻐하시고 온전하신 뜻이 무엇인지 분별하도록 하라"(롬 12:1-2)고 권면합니다.

좀 더 구체적으로, "무릇 더러운 말은 너희 입 밖에도 내지 말고", 즉 그런 부정하고 가정한 것은 먹기는커녕 입에 대서도 안 된다, "오직 덕을 세우는 데 소용되는 대로 선한 말을 하여 듣는 자들에게 은혜를 끼치게 하라", 즉 깨끗한 것만 먹으라고 말씀하는 셈입니다. 왜냐하면 "부정하고 가증"하게 행하면 "하나님의 성령을 근심하게"(엡 4:29-30)하는 것이 되기 때문이라 합니다.

"음행과 온갖 더러운 것과 탐욕은 너희 중에서 그 이름조차도 부르지 말라 이는 성도에게 마땅한 바니라 누추함과 어리석은 말이나 희롱의 말이 마땅치 아니하니 오히려 감사하는 말을 하라"(엡 5:3-4)합니다. 이는 다 "입의 말"과 결부가 되는 것으로 레위기의 먹을 것과 먹어서는 안 되는 경계와 상통하는 바가 있습니다.

⑤ 끝으로 "거룩과 분별"이라는 신앙인격이 저절로 이루어지는 것이 아니라는 점입니다. 이점을 히브리서에서는, "때가 오래 되었으므로 너희가 마땅히 선생이 되었을 터인데 너희가 다시 하나님의 말씀의 초보에 대하여 누구에게서 가르침을 받아야 할 처지이니 단단한 음식은 못 먹고 젖이나 먹어야 할 자가 되었도다"한, "젖이나 먹는" 영적 어린아이에게는 기대할 수가 없는 것입니다. "단단한 음식은 장성한 자의 것이니 그들은 지각을 사용함으로 연단을 받아 선악을 분별하는 자들이니라"(히 5:12, 14)한, 성숙한 자들뿐인 것입니다.

㉠ 참고로 짐승 중에서 먹을 것과 부정한 것을 구분하는 기준이 둘이 있는데 "새김질하고 굽이 갈라졌느냐" 하는 점입니다. 이 말씀이 여덟 절(1-8) 안에 각각 6번이나 강조되어 있습니다. 어떻게 하면 성숙한 그리스도인이 되어서 "거룩하고 분별"하는 자가 될 것인가?

㉡ "새김질", 즉 하나님의 말씀을 "주야로 묵상"하는 것과 "굽이 갈라짐", 즉 말씀을 "실천하는 삶"을 사는 길 외에는 지름길은 없다는 점을 명심하시기 바랍니다. 이것이 "너희도 거룩하라 분별하라"는 뜻입

니다.

못된 행실 다 고치고 악한 생각 다 버려도

주 앞에서 정결타고 자랑치는 못하리라

물가지고 날 씻든지 불가지고 태우든지

내 안과 밖 다 닦으사 내 모든 죄 멸하소서. (274장)

레위기 14:1~20 분석도표

주제 : 나병의 정결 규례와 구속사적 의미

새 두 마 리	**1~7** 1 여호와께서 모세에게 말씀하여 이르시되 　　　　　　2 나병 환자가 정결하게 되는 날의 규례는 이러하니 곧 그 사람을 제사장에게로 데려갈 것이요 3 제사장은 진영에서 나가 진찰할지니 그 환자에게 있던 나병 환부가 나았으면 4 제사장은 그 정결함을 받을 자를 위하여 명령하여 살아 있는 정결한 새 두 마리와 백향목과 홍색 실과 우슬초를 가져오게 하고 5 제사장은 또 명령하여 그 새 하나는 흐르는 물 위 질그릇 안에서 잡게 하고 6 다른 새는 산 채로 가져다가 백향목과 홍색 실과 우슬초와 함께 가져다가 흐르는 물 위에서 잡은 새의 피를 찍어 7 나병에서 정결함을 받을 자에게 일곱 번 뿌려 정하다 하고 그 살아 있는 새는 들에 놓을지며
어 린 양 두 마 리	**8~13** 8 정결함을 받는 자는 그의 옷을 빨고 모든 털을 밀고 물로 몸을 씻을 것이라 그리하면 정하리니 그 후에 진영에 들어올 것이나 자기 장막 밖에 이레를 머물 것이요 9 일곱째 날에 그는 모든 털을 밀되 머리털과 수염과 눈썹을 다 밀고 그의 옷을 빨고 몸을 물에 씻을 것이라 그리하면 정하리라 10 여덟째 날에 그는 흠 없는 어린 숫양 두 마리와 일 년 된 흠 없는 어린 암양 한 마리와 또 고운 가루 십분의 삼 에바에 기름 섞은 소제물과 기름 한 록을 취할 것이요 11 정결하게 하는 제사장은 정결함을 받을 자와 그 물건들을 회막 문 여호와 앞에 두고 12 어린 숫양 한 마리를 가져다가 기름 한 록과 아울러 속건제로 드리되 여호와 앞에 흔들어 요제를 삼고 13 그 어린 숫양은 거룩한 장소 곧 속죄제와 번제물 잡는 곳에서 잡을 것이며 속건제물은 속죄제물과 마찬가지로 제사장에게 돌릴지니 이는 지극히 거룩한 것이니라
피 와 기 름 을 바 르 라	**14~20** 14 제사장은 그 속건제물의 피를 취하여 정결함을 받을 자의 오른쪽 귓부리와 오른쪽 엄지 손가락과 오른쪽 엄지 발가락에 바를 것이요 15 제사장은 또 그 한 록의 기름을 취하여 자기 왼쪽 손바닥에 따르고 16 오른쪽 손가락으로 왼쪽 손의 기름을 찍어 그 손가락으로 그것을 여호와 앞에 일곱 번 뿌릴 것이요 17 손에 남은 기름은 제사장이 정결함을 받을 자의 오른쪽 귓부리와 오른쪽 엄지 손가락과 오른쪽 엄지 발가락 곧 속건제물의 피 위에 바를 것이며 18 아직도 그 손에 남은 기름은 제사장이 그 정결함을 받는 자의 머리에 바르고 제사장은 여호와 앞에서 그를 위하여 속죄하고 19 또 제사장은 속죄제를 드려 그 부정함으로 말미암아 정결함을 받을 자를 위하여 속죄하고 그 후에 번제물을 잡을 것이요 20 제사장은 그 번제와 소제를 제단에 드려 그를 위하여 속죄할 것이라 그리하면 그가 정결하리라

나병의 정결 규례와 구속사적 의미

설교 작성노트

　13-14장은 "나병"에 관한 규례인데, 나병은 광야에서 집단생활을 하는 그들에게는 치명적인 전염병 중 하나였을 것이다. 13장과 14장은 함께 다루어야 한다. 왜냐하면 13장은 나병에 대한 진단(診斷)규례이고, 14장은 정결(淨潔)케 하는 규례이기 때문이다. 그러니까 13장에서 진찰하여 14장에서 치료하는 내용이다. 이런 맥락에서 13장의 요점은, "그가 부정한즉 혼자 살되, 진영 밖에 살지니라"(13:46) 한 "진영 밖"으로의 추방이요, 14장의 요점은 "그리하면 정하리니 그 후에 진영에 들어올 것이라"(14:8) 한 "들어옴"에 있다.

　"진영 밖에 살지니라"한 추방(追放)과 "그 후에 진영에 들어올 것이라"한 진입(進入)이라는 주제는 죄로 말미암아 하나님 앞에서 추방을 당한 자들이 하나님 보좌 앞에 들어가는 것이 어떻게 가능해지는가 하는 우리들의 문제인 것이다. 이점이 나병의 정결 규례에, "속건제·속죄제·번제" 등을 드리라 하시는데 나타나는데 이를 증언하려는 것이 내용목적이다.

그리고 우리가 "죄" 사함을 받고 자유함을 얻은 것은, 마치 붙잡혔던 새가 "놓임을 받는"(7) 것에 비할 수 있다는 것을 깨닫게 하려는데 적용목적이 있다 하겠다.

강론

① 13-14장의 문자적인 내용은 "나병"에 관한 규례입니다. 그런데 "나병"에 관해 두 장이나 할애하여 경계하는 하나님의 의도를 깨닫는 것이 중요합니다. 그러므로 먼저 인식해야 할 점은

㉠ 첫째는, 이 규례를 누구들에게 명하신 것인가 하는 점입니다. 바로의 노예였다가 유월절 어린 양의 피로 구속함을 얻어 하루아침에 신분(身分)이 하나님의 백성으로 바뀐 자들입니다.

㉡ 둘째는, 그런데 그들은 출애굽한지 1년 밖에 안 되는 영적으로는 어린아이와 같아 옛 행실을 온전히 벗어버리지 못한 상태요,

㉢ 셋째는, 복음이 밝히 나타나기 이전, 즉 의문이라는 수건에 가려 있던 시대에 주어진 규례라는 점을 염두에 두고 살펴보아야만 합니다.

지금 하나님의 백성들은 광야에서 집단생활을 하고 있습니다. 이들에게 "나병"이란 당시로는 치명적으로 중요한 문제였을 것입니다. 그러므로 교훈적인 목적은 백성의 건강을 염두에 두었을 것입니다만, 여기에는 보다 중요한 구속사적인 의미가 있다는 점을 인식해야만 합니다. 그것이 무엇인가?

② 성경에서 "나병"은 죄에 대한 상징으로 나타내는 경우(민 12:10)가 많습니다. 왜냐하면 잠복하고 있을 때는 발견하기가 어렵고, 잠복 기간이 길고, 전염성이 강하고, 일단 드러나게 되면 비참한 결과를 가져오게 되어, 가족과 분리를 가져오게 된다는 점 등이 죄의 특성과 유사하기 때문입니다. 그러므로 본문의 표면적인 관심사는 나병이지만 이를 통해서 경계하시고자 하는 이면적인 의미는 "죄"에 대한 경계인 바로 우리들의 문제인 것입니다.

㉠ 13장과 14장은 함께 다루어야 합니다. 왜냐하면 13장은 진찰하여, "그가 부정한즉 혼자 살되 진영 밖에 살지니라"(13:46) 한 "진영 밖"으로의 추방(追放)이요, 14장은 "그리하면 정하리니 그 후에 진영에 들어올 것이나"(14:8) 한 "들어옴", 즉 진입(進入)에 있기 때문입니다.

㉡ 어찌하여 진영 밖으로 추방되는 것이 불가피하고, 그가 진영 안으로 들어오는 것이 어떻게 해서 가능하여 진다는 말씀인가? 하나님께서는 "나병"이라는 예표를 통해서 죄로 말미암아 하나님 앞에서 추

방을 당한 자들이 하나님 보좌 앞에 들어가는 것이 어떻게 가능해지는가 하는 점을 계시하시려는 것입니다.

ⓒ 이점이 나병의 정결 규례에도 "속건제·속죄제·번제", 즉 대속제물이 드려짐으로 비로소 정결함을 받게 된다는 데서 드러납니다. 이런 맥락에서 본문의 구속사적 의미는 우리가 그리스도의 구속으로 말미암아 "죄 사함"을 받아 정결하게 되었다는 것은, 마치 "나병"에 걸렸다가 나음을 입어 가족 품으로 돌아갈 수 있게 되었다는 것과 같다는 점을 절실히 깨닫게 하시려는 것입니다. 그러므로 본문은 우리들의 문제요, 우리들에게 적실성이 있는 말씀인 것입니다.

③ 최우선적인 요점은, "나병"이 공동체에 들어왔는가 여부를 경계하며 살피는 일로부터 시작이 됩니다. 예를 들어 여호수아서에 등장하는 "아간"이 범한 죄와 사도행전에 등장하는 "아나니아와 삽비라"의 죄는 마치 공동체에 나병이 들어온 것과 같아서 이를 "진찰"하여 적발해내야만 했던 것입니다. 그러므로 13장 안에는 "진찰하여" 라는 말이 16번, "진단하라"는 말도 9번이나 나옵니다. 그리고 "부정하다"는 말이 22번, "정하다"는 말이 17번이나 나옵니다. 진찰(診察)하여 "부정하다, 정하다"고 진단(診斷)를 내리는 일은 "제사장"이 해야 한다고 말씀합니다. 이는 어렵고도 분별력이 있어야 하는 직무였을 것입니다.

㉠ "만일 사람이 그의 피부에 무엇이 돋거나 뾰루지가 나거나 색점

이 생겨서 그의 피부에 나병 같은 것이 생기거든 그를 곧 제사장 아론에게나 그의 아들 중 한 제사장에게로 데리고 갈 것이요 제사장은 그 피부의 병을 진찰할지니 환부의 털이 희어졌고 환부가 피부보다 우묵하여졌으면 이는 나병의 환부라 제사장이 그를 진찰하여 그를 부정하다 할 것이요"(13:2-3)합니다. 전염성이 있는 나병과 단순한 피부병을 분별하기 위해서 얼마나 세심한 주의를 기울이고 있는가를 보게 됩니다.

ⓛ 그런데 이상한 말씀을 발견하게 되는데, "그가 진찰할 것이요 나병이 과연 그의 전신(全身)에 퍼졌으면 그 환자를 정하다 할지니 다 희어진 자인즉 정하거니와"(13)라는 말씀입니다. 나병이 온몸에 퍼졌는데 어떻게 정하다 한단 말인가? 이에 대한 의학적인 이치는 모르겠으나 영적인 의미는 분명하다 하겠습니다. 죄의 심각성은, "내가 입을 열지 아니할 때에 종일 신음하므로 내 뼈가 쇠하였도다"한 죄를 숨기고 있을 때입니다.

그러나 "내가 이르기를 내 허물을 여호와께 자복하리라 하고 주께 내 죄를 아뢰고 내 죄악을 숨기지 아니하였더니 곧 주께서 내 죄악을 사하셨나이다"(시 32:3-5) 합니다. 여호수아도 아간에게, "그 앞에 자복하고 네가 행한 일을 내게 알게 하라 그 일을 내게 숨기지 말라"(수 7:19)고 말합니다. 그래서 "전신에 퍼졌으면", 즉 자복하고 회개하여 다 드러났으면 퍼질 염려가 없기 때문에 "정하다" 하는 것이 아니겠습니까?

ⓒ "진찰"이라는 문제를 신약성경에서는, "여러분은 자기를 위하여

또는 온 양 떼를 위하여 삼가라 성령이 그들 가운데 여러분을 감독자로 삼고 하나님이 자기 피로 사신 교회를 보살피게 하셨느니라”고, “삼가라, 보살피라”고 말씀합니다. 왜냐하면, “내가 떠난 후에 사나운 이리가 여러분에게 들어올”(행 20:28-29)것을 알기 때문이라는 것입니다.

④ 이제 14장을 통해서 “나병 환자가 정결하게 되는 날의 규례는 이러하니”(14:2)한, 정결규례에 대해 살펴보겠습니다. 하나님의 마음은 진단하여 “진영 밖”으로 추방하는 것이 끝이 아니라 언제나 돌아오게 하시려는 것입니다. 그 예를 하나님의 백성들을 바벨론으로 추방하시면서, “바벨론에서 칠십 년이 차면 내가 너희를 돌보고 나의 선한 말을 너희에게 성취하여 너희를 이곳으로 돌아오게 하리라, 너희를 향한 나의 생각을 내가 아나니 평안이요 재앙이 아니니라 너희에게 미래와 희망을 주는 것이니라”(렘 29:10-11)는 말씀에 분명히 나타납니다.

㉠ “제사장은 진영에서 나가 진찰할지니 그 환자에게 있던 나병 환부가 나았으면”(3)하십니다. 왜 “진영에서 나가 진찰”하라 하시는가? 그가 진영 밖으로 추방을 당했기 때문입니다. 그런데 “나병”을 죄의 상징으로 여긴다면, “진영에서 나가 진찰하라” 하심은 영광을 떠나 임마누엘 하신 것으로, “나병 환부가 나았으면”하는 것을 믿고 회개한 것으로 볼 수도 있을 것입니다. 이는 비약이 아니라 이런 구속사적인 의미가 계속되는 정결의식에 분명하게 나타납니다.

ⓒ 하나님은 "새 두 마리"를 준비하게 하라 하십니다. 왜 "새"를 준비하라 하시는가? 제사의식에서는 가난한 자를 배려하셔서 "만일 여호와께 드리는 예물이 새의 번제이면 산비둘기나 집비둘기 새끼로 예물을 드릴 것이요"(1:14)라고 말씀하셨습니다. 그런데 나병의 정결의식에서 "새"를 준비하라 하시는 의도는 전연 다른 것입니다.

한 마리 새는 "흐르는 물 위 질그릇 안에서 잡게 하고, 새의 피를 찍어 나병에서 정결함을 받을 자에게 일곱 번 뿌려 정하다 하고 그 살아 있는 새는 들에 놓을지며"(4-5)한, "해방, 자유함, 벗어남"을 극적으로 나타내기 위해서였던 것입니다. 붙들려 있다가 놓임을 받은 새가 날아가는 모습을 상상해보시기 바랍니다. 나병에 사로잡혀 있던 형제는 창공을 향하여 날아가는 새같이 "병에서 놓여, 죄에서 놓여" 자유하게 된 것입니다.

이점을 시편에서는 "우리의 영혼이 사냥꾼의 올무에서 벗어난 새 같이 되었나니 올무가 끊어지므로 우리가 벗어났도다"(시 124:7)고 노래합니다. 이점이 "흐르는 물 위 질그릇 안에서 잡으라"는 표현에도 나타나는데, "흐르는 물"은 깨끗하게 되었다는 점을 나타내고 있는 것입니다.

⑤ 정결케 하는 의식은 여기가 끝이 아닙니다. "흠 없는" 제물로 "속건제·속죄제·번제"(10-13)를 드리라 하십니다. 그러니까 나병에서 정결함을 받는 것이 가능해지는 것도 대속제물을 통해서만이 가능해진다

니 이는 단순한 나병의 문제가 아니라는 점이 드러납니다. 얼마나 자상하신 말씀인가? 그래도 설명이 필요합니까? 나병에 붙잡혔던 그는 "흐르는 물"에 씻음을 받듯이 깨끗함을 얻었고, "붙잡혔던 새가 날아가듯" 자유함을 얻은 것입니다. 그런데 이것이 자력으로 된 것이 아니라 "속죄제물의 "피", 즉 대속으로 말미암아 가능해졌다는 것입니다.

㉠ 그런데 그림자인 "새"는 날아갔으나 형제는 돌아와야만 합니다. 왜냐하면 나병환자 열 명을 고쳐주신 주님은 "열 사람이 다 깨끗함을 받지 아니하였느냐 그 아홉은 어디 있느냐 이 이방인 외에는 하나님께 영광을 돌리러 돌아온 자가 없느냐"(눅 17:17-18)고 찾으시기 때문입니다.

㉡ 그러면 나병환자와 같았던 나 같은 죄인이 어떻게 하나님께 영광을 돌리는 의의병기가 될 수가 있단 말입니까? 첫째는 "속건제물의 피를 취하여 정결함을 받을 자의 오른쪽 귓부리와 오른쪽 엄지 손가락과 오른쪽 엄지 발가락에 바를 것이요"(14)하십니다. 둘째는 기름을 "정결함을 받을 자의 오른쪽 귓부리와 오른쪽 엄지 손가락과 오른쪽 엄지 발가락 곧 속건제물의 '피 위에' 바를 것이라"(17)고 "기름을 피 위에 바르라"하심을 명심하기 바랍니다. "피"는 그리스도의 구속을 나타내고 "기름"은 성령을 상징합니다.

형제의 "귀·손·발"은 이제 "의의 병기"가 된 것입니다. 이제 주님은 명하십니다. "하나님이 네게 어떻게 큰일을 행하셨는지를 말하라(눅 8:39), 오직 성령이 너희에게 임하시면 너희가 권능을 받고 예루살렘과 온 유대와 사마리아와 땅 끝까지 이르러 내 증인이 되리라"(행 11:8). 이 것이 "나병의 정결 규례와 구속사적 의미"입니다.

<blockquote>

나의 죄를 정케 하사 주의 일꾼 삼으신

구세주의 넓은 사랑 항상 찬송합니다.

나를 일꾼 삼으신 주 크신 능력 주시고

언제든지 주 뜻대로 사용하여주소서 아멘. (320장)

</blockquote>

레위기 16:1-10 분석도표

주제 : 하나님 보좌 앞에 나아가려면

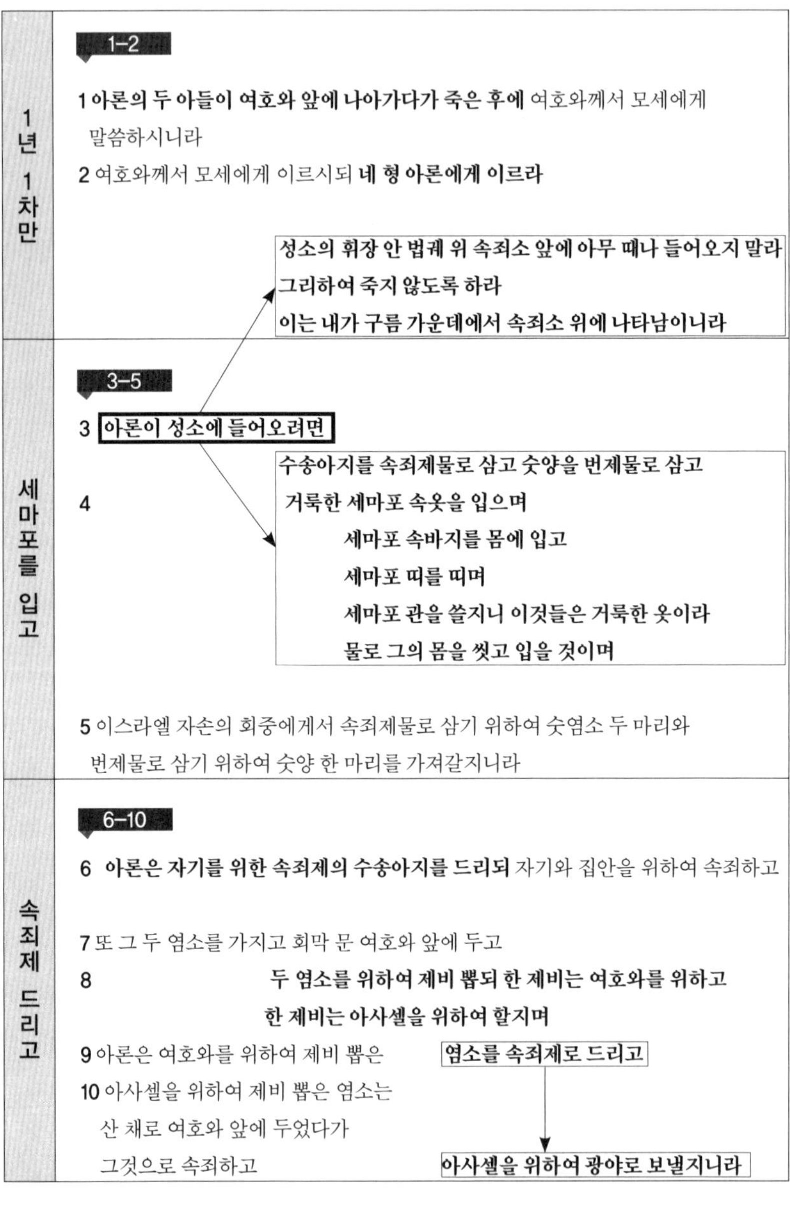

하나님 보좌 앞에 나아가려면

설교 작성노트

16장은 레위기의 중심장이라 할 수가 있다. 일 년에 한 번 백성들을 위한 "대 속죄일" 규례가 있기 때문이다. 대제사장도 이 날만 지성소에 들어가는 것이 허용이 되는데 피 없이 들어가지 못한다. 이를 통해서 계시하시려는 구속사적인 의미가 무엇인가? 이를 증언하려는 것이 내용목적이다.

또한 본문에는 "아론이 성소에 들어오려면"(3) 어떻게 해야만 죽지 않을 수가 있는가 하는 방도가 있다. 이는 창세기 3장에서 추방당한 아담의 후예들이 하나님 보좌 앞으로 돌아갈 수 있는 것이 어떻게 가능하여지는가를 계시하시는 우리들의 문제인 것이다. 여기에 적용목적이 있는 것이다.

16장은 레위기의 중심장이라 할 수가 있습니다. 왜냐하면 백성들이 범한 모든 죄를 사함을 받는 일년에 한 번 돌아오는 "대 속죄일" 규례가 있기 때문입니다. 예를 들면 갚을 길이 없는 모든 빚을 탕감을 받는 날과 같은 기쁜 날인 것입니다. 그래서 25:9절에서는 "일곱째 달 열흘날은 속죄일(贖罪日)이니 너는 뿔 나팔 소리를 내되 전국에서 뿔 나팔을 크게 불지며"하십니다. 왜냐하면 "큰 기쁨의 좋은 소식"(눅 2:10)이 있는 날이기 때문에 이를 온 백성에게 전하기 위해서 나팔을 크게 불라 하시는 것입니다.

대제사장도 일 년에 한 번 이날만 지성소에 들어갈 수가 있는데 이는 자격이 있어서가 아니라 참 대제사장 되시는 예수 그리스도를 예표하는 인물이기에 허용이 되기 때문입니다. 이점이 온 백성의 죄를 대속한 피를 가지고야 들어갈 수 있다는 데서 분명히 드러납니다. 그러므로 우리는 그림자로 주어진 본문을 해석할 때, 실체(實體)로 성취하여주신 복음의 빛을 받아서 해석해야만 하나님의 사랑과 은혜를 더욱 분명하게 깨달을 수가 있는 것입니다.

① 16장은 "아론의 두 아들이 여호와 앞에 나아가다가 죽은 후에 여호와께서 모세에게 말씀하시니라"(1)고 시작이 됩니다. "네 형 아론에

게 성소의 휘장 안", 즉 지성소에는 "아무 때나 들어오지 말라 그리하여 죽지 않도록 하라"(2), 즉 "네 두 아들처럼 죽지 않도록 하라"는 경계인 것입니다.

㉠ 이 경계가 우리와 무관한 것이 아니라, "예배를 드리고 기도를 하는" 것은 하나님 보좌 앞에 나아가는 행위입니다. 우리가 예배를 드리다가 또는 기도를 드리다가 나답과 아비후처럼 죽임을 당하는 일은 일어나지 않을 것입니다. 그러나 본문은 모든 예배, 모든 기도가 다 바른 것은 아니라는 점을 일깨워주면서 바른 예배, 바른 기도를 드리려면 어떻게 해야 하는가를 계시해주는 우리에게 적실성이 있는 중요한 말씀인 것입니다.

㉡ "아무 때나 들어오지 말라 그리하여 죽지 않도록 하라"(2)고 경계하시는데 구약시대란 근원적으로 하나님 존전에 나아가는 길이 막혀 있던 시대입니다. 이점이 지성소를 휘장으로 막으라 하신 성막 구조가 말해줍니다. 이점을 히브리서에서는 "성령이 이로써 보이신 것은 첫 장막이 서 있을 동안에는 성소에 들어가는 길이 아직 나타나지 아니한 것이라"(히 9:8)고 증언합니다.

㉢ 하나님 존전에서 추방을 당한 아담의 후예들의 가장 절박한 소원이 무엇인가? 그것은 "내가 어느 때에 나아가서 하나님의 얼굴을 뵈올까"(시 42:2)한, 하나님께로 돌아가는 일입니다. 그런데 제사장인 아론의 두 아들은 여호와 앞에 나아가다가 "죽임"을 당한 것입니다. 하나님이

시내 산에 강림하셨을 때에도 "그 경계를 침범하지 말지니 산을 침범하는 자는 반드시 죽임을 당할 것이라"(출 19:12)고 경고하셨습니다.

하나님이 시내 산에 강림하신 것은 그곳에 자기 백성들이 있기 때문입니다. 그런데 찾아오셨으면서도 어찌하여 가까이 오지 말라 하시는가? "의와 불법이 어찌 함께 하며 빛과 어둠이 어찌 사귀며"(고후 6:14)한, 불의한 자가 의로우신 하나님 앞에 설 수가 없기 때문입니다. 여기에 해결해야 할 구원계획의 난제(難題)가 있는 것입니다.

② 그런데 시내 산에서는 "범하면 죽는다"고 끝이고 있지만 레위기에서는 3절을 보십시오. "성소에 들어오려면"(3) 하고 들어 갈 수 있는 비결을 말씀해주고 있는 것입니다. 이는 시내 산의 돌비, 즉 율법(律法)으로는 불가능한 것으로 레위기의 성막, 즉 복음(福音)만이 할 수 있다는 점을 나타냅니다.

㉠ "성소에 들어오려면"한 말씀을 창세기 3장과 결부를 시키면 "이같이 하나님이 그 사람을 쫓아내신 후에"(창 3:24), 즉 "추방당했던 자가 하나님 앞으로 돌아가는 것"이 어떻게 가능해지는가 하는 해답을 주시려는 것입니다. 그러므로 하나님의 의도는 "추방"이 끝이 아니라, 추방당한 자들을 돌아오게 하시려는 것이 구원계획인 것입니다. 하나님은 본문을 통해서 하나님께 나아가는 바른 방법, 유일한 방도를 계시하시려는 것입니다.

ⓛ 그러면 "아론이 성소에 들어오려면"(3), 어떻게 해야 하는가? 이 말씀이 우리에게는 "예배를 드리려면, 기도를 드리려면", 즉 은혜의 보좌 앞에 나아가려면 어떻게 해야 바른 예배, 바른 기도가 되는가 하는 것으로 적용이 되는 중대한 주제인 것입니다. 이점에 대해서 현대교회는 너무나 모르고 있고 등한히 여기고 있습니다. 그리하여 하나님께 드리는 예배가 사교(社交)클럽과 같이 되어 가고 있는 추세입니다. 그러므로 좀 더 자세히 살펴보고자합니다.

③ "아론이 성소에 들어오려면"(3) 첫째는 "수송아지를 속죄제물로 삼고 숫양을 번제물로 삼고"(3) 하십니다. 이 예표가 우리에게는 나 같은 죄인이 "은혜의 보좌 앞에 담대히 나아갈 수"있는 것은 오직 예수 그리스도의 구속의 은혜뿐이라는 고백이 "속죄제"요, 그러므로 "몸밖에 드릴 것 없어 이 몸 바칩니다" 하는 결단이 "번제"라 할 수가 있습니다.

㉠ 둘째는 "거룩한 세마포 속옷을 입으며 세마포 속바지를 몸에 입고 세마포 띠를 띠며 세마포 관을 쓸지니"(4) 하고, "세마포"라는 말이 4번이나 강조되어 있습니다. 대제사장이 일 년에 한 번 지성소에 들어갈 때에는 위임식 때에 입은 화려한 정복(正服)을 입고 들어가는 것이 아닙니다. "세마포", 즉 베옷이라는 예표는 1차적으로 참 대제사장 되시는 그리스도께서, "그는 근본 하나님의 본체시나 하나님과 동등됨을 취할 것으로 여기지 아니하시고 오히려 자기를 비워 종의 형체를

가지사 사람들과 같이 되셨다"(빌 2:6-7)는 낮아지심을 나타낸다 하겠습니다.

ⓛ 중요한 점은 "세마포를 입고 들어오라"는 구약의 예표가 신약의 성도들에게는 어떻게 적용이 되는가 하는 점입니다. 로마서에서는, "그리스도 예수 안에 있는 속량으로 말미암아 하나님의 은혜로 값없이 의롭다 하심을 얻은 자 되었느니라"(롬 3:24), 즉 "의롭다함" 곧 칭의(稱義)로 주어졌다고 말씀합니다. 이점을 본문에서는 "세마포"로 표현을 하고 있는 것입니다.

ⓒ 이점을 로마서 5장은 밝히 말씀해주고 있는데, "우리가 믿음으로 의롭다 하심을 받았으니", 첫째는 "우리 주 예수 그리스도로 말미암아 하나님과 화평을 누리자", 즉 하나님과 화목하게 되었고, 둘째는 "또한 그로 말미암아 우리가 믿음으로 서 있는 이 은혜에 들어감을 얻었으며"(롬 5:1-2), 즉 의의 옷을 입고 은혜의 보좌 앞에 담대히 들어간다고 증언합니다.

사도 베드로도 "그리스도께서도 단번에 죄를 위하여 죽으사 의인으로서 불의한 자를 대신하셨으니 이는 우리를 하나님 앞으로 인도하려 하심이라"(벧전 3:18)고 증언합니다.

④ 오늘날은 이처럼 중요한 칭의 교리가 외면(外面)을 당하고 있습니다. 루터는 "그 교회가 서 있는 교회인가? 넘어지는 교회인가를 알아보려면 칭의 교리에 서 있는 여부를 보면 안다"라고 말했습니다. 그

러므로 칭의교리에 확고하기 위해서 좀 더 말씀을 드려야만 하겠습니다. 그리스도의 대속적인 죽음은 우리의 죄만을 처리해주신 것이 아닙니다. 죄 사함을 받았다는 것은 마치 "더러운 옷을 벗긴 것"과 같은 것입니다. 하나님은 아담이 "내가 벗었으므로 두려워하여 숨었나이다"(창 3:10)하자 "여호와 하나님이 아담과 그의 아내를 위하여 가죽옷을 지어 입히시니라"(창 3:21)고 말씀합니다.

㉠ 이점이 스가랴 3장에 더욱 분명하게 계시되어 있습니다. 대제사장 여호수아가 더러운 옷을 입고 서 있습니다. 그리하여 사탄은 대적을 합니다. 사탄이 "대적"을 했다는 것이 우리에게는 정죄감에 빠졌다는 것으로 나타나는 것입니다.

㉡ 하나님은 "그 더러운 옷을 벗기라" 하시면서 "내가 네 죄악을 제거하여 버렸으니" 하십니다. 그런데 벗겨버리신 것만이 아니라, "네게 아름다운 옷을 입히리라"(슥 3:1-4) 하십니다. 우리의 더러운 옷은 벗겨버리시고 "아름다운 옷" 곧 "의롭다"고 여겨주셨기에 하나님의 보좌 앞에 나아가는 것이 가능하여진 것입니다. 이것이 성경의 일관된 증언입니다.

⑤ 레위기에서는, "아무 때나 (無時) 들어오지 말라"(2)하시는데 신약성경에서는, "모든 기도와 간구를 하되 항상 (無時로) 성령 안에서 기도하고"(엡 6:18), 즉 "때를 따라 돕는 은혜를 얻기 위하여 은혜의 보좌 앞에 담대히 나아갈 것이니라"(히 4:16)고 말씀합니다. 하루에 10번도 좋

고 100번도 좋은 "항상, 무시로" 들어오라 하십니다. 그러므로 의문의 직분과 새 언약의 직분은 하늘과 땅과 같은 차이입니다.

㉠ 이상에서 말씀드린 것이, "아론이 성소에 들어오려면 수송아지를 속죄제물로 삼고 숫양을 번제물로 삼고 거룩한 세마포 속옷을 입으며 세마포 속바지를 몸에 입고 세마포 띠를 띠며 세마포 관을 쓸지니 이것들은 거룩한 옷이라 물로 그의 몸을 씻고 입을 것이며"(3-4)하신 뜻인 것입니다. 이제 "바른 예배, 바른 기도"에 대해서 확신하게 되었습니까?

㉡ 그런데 라오디게아교회의 모습을 보십시오. 주님은, "네가 말하기를 나는 부자라 부요하여 부족한 것이 없다 하나 네 곤고한 것과 가련한 것과 가난한 것과 눈 먼 것과 벌거벗은 것을 알지 못하는도다"(계 3:17), 즉 벌거벗은 채 예배를 드리고 있다는 것입니다. 그러면서도 "알지 못하는도다", 모르고 있다는 것입니다. 그렇다면 오늘날은 이런 교회, 이런 성도들이 없다고 안심할 수가 있단 말입니까?

㉢ "예배와 기도"에는 접촉점이 중요합니다. 즉 첫 단추를 바로 끼어야 뒤틀리지가 않게 된다는 말씀입니다. 그러므로 우리는 기도를 드릴 때에 곧바로 청구서를 제출하듯 할 것이 아니라 첫째는, 지금 나는 어디에 나아가고 있는가 하는 점과 둘째는, 이것이 어떻게 해서 가능해졌는가 하는 점을 묵상해야 하는 것입니다.

"하나님께서 나의 더러운 옷은 벗겨버리시고 아름다운 세마포를 입혀주셨다, 나는 지금 그 의의 옷을 입고 보좌 앞에 나아가고 있다"는 고백이 있어야 하는 것입니다. 이렇게 묵상하노라면 자신도 모르는 사이에 "주여"!!! 하는 감사가 터져 나오게 될 것입니다. 형제의 기도는 이미 상달이 된 것입니다. 이것이 "하나님 보좌 앞에 나아가려면"입니다.

주님 밝은 빛되사 어둠 헤치니 나의 모든 것 다 변했네

지금 내가 주 앞에 온전케 됨은 주의 공로를 의지함일세

나의 모든 것 변하고 그 피로 구속 받았네

하나님은 나의 구원되시오니 내게 정죄함 없겠네. (421장)

레위기 16:11-22 분석도표

주제 : 속죄일을 통한 이중적인 복음계시

자신을 위한 속죄제

11-14

11 **아론은 자기를 위한 속죄제의 수송아지를 드리되** 자기와 집안을 위하여 속죄하고
자기를 위한 그 속죄제 수송아지를 잡고

12 **향로를 가져다가 여호와 앞 제단 위에서 피운 불을 그것에 채우고**
또 곱게 간 향기로운 향을 두 손에 채워 가지고 **휘장 안에 들어가서**

13 여호와 앞에서 분향하여 향연으로 증거궤 위 속죄소를 가리게 할지니
그리하면 그가 죽지 아니할 것이며

14 그는 또 수송아지의 피를 가져다가 손가락으로 속죄소 동쪽에 뿌리고
또 손가락으로 그 피를 속죄소 앞에 일곱 번 뿌릴 것이며

백성을 위한 속죄제

15-19

15 **또 백성을 위한 속죄제 염소를 잡아** 그 피를 가지고 휘장 안에 들어가서
그 수송아지 피로 행함 같이 그 피로 행하여
속죄소 위와 속죄소 앞에 뿌릴지니

16 곧 이스라엘 자손의 부정과 그들이 범한 모든 죄로 말미암아 지성소를 위하여 속죄하고
또 그들의 부정한 중에 있는 회막을 위하여 그같이 할 것이요

17 그가 지성소에 속죄하러 들어가서 자기와 그의 집안과 이스라엘 온 회중을 위하여
속죄하고 나오기까지는 누구든지 회막에 있지 못할 것이며

18 그는 **여호와 앞 제단으로 나와서** 그것을 위하여 속죄할지니 곧 그 수송아지의 피와
염소의 피를 가져다가 제단 귀퉁이 뿔들에 바르고

19 또 손가락으로 그 피를 그 위에 일곱 번 뿌려 이스라엘 자손의 부정에서 제단을
성결하게 할 것이요

아사셀 염소

20-22

20 그 지성소와 회막과 **제단을 위하여** 속죄하기를 마친 후에
살아 있는 염소를 드리되

21 **아론은 그의 두 손으로 살아 있는 염소의 머리에 안수하여
이스라엘 자손의 모든 불의와 그 범한 모든 죄를 아뢰고**
그 죄를 염소의 머리에 두어 미리 정한 사람에게 맡겨 **광야로 보낼지니**

22 **염소가 그들의 모든 불의를 지고 접근하기 어려운 땅에 이르거든
그는 그 염소를 광야에 놓을지니라**

속죄일을 통한 이중적인 복음계시

설교 작성노트

본문은 대속죄일의 규례인데 속죄일의 의식순서는 먼저 대제사장 자신을 위한 속죄제를 드리는 것으로 시작이 된다. 다음에 백성을 위한 속죄 제물로 준비한 염소 두 마리 중 한 마리는, "백성을 위한 속죄제 염소를 잡아 그 피를 가지고 휘장 안에 들어가서 그 피를 속죄소 위와 속죄소 앞에 뿌릴지니"하신다. 다른 한 마리는 백성의, "모든 불의를 짊어지고 광야에 놓을지니라"하신다. 이에 대한 구속사적 의미가 무엇인가를 증언하려는 것이 내용목적이다.

그런데 대 속죄일은 속죄제로 끝나는 것이 아니라, "자기의 번제와 백성의 번제"(24)를 드리는 "번제"로 끝을 맺고 있다는 점을 주목하게 된다. 대속제물을 통해서 죄의 속량을 받았다면, "너희는 너희 자신의 것이 아니라 값으로 산 것이 되었으니 그런즉 너희 몸으로 하나님께 영광을 돌리라” 하신다. 이것이 “번제”의 삶이요, 여기에 적용목적이 있는 것이다.

강론

16장은 레위기의 중심장이라 할 수가 있습니다. 왜냐하면 백성들이 지은 모든 죄를 사함을 받는 일 년에 한 번 돌아오는 “대 속죄일” 규례가 있기 때문입니다. 25:9절에서는 “일곱째 달 열흘날은 속죄일(贖罪日)이니 너는 뿔 나팔 소리를 내되 전국에서 뿔 나팔을 크게 불지며”하십니다. 왜냐하면 “큰 기쁨의 좋은 소식”(눅 2:10)이 있는 날이기 때문입니다. 예를 들면 주님께서 말씀하신 “갚을 길이 없는 일만 달란트 빚진 것”을 탕감을 받는 날과 같은 것입니다.

대 속죄일의 의식순서는 먼저 대제사장 자신을 위한 속죄제를 드리는 것으로 시작이 됩니다. 자신의 속죄제를 마치고 백성들을 위한 속죄제를 드리게 되는데 제물로는 수염소 두 마리(5)를 준비하라 하십니다. 어찌하여 제물이 두 마리인가? 이는 자기 아들을 통하여 이루실 구속사역을 이중적인 예표를 통해서 계시하기 위해서입니다.

① 첫째 예표는 "백성을 위한 속죄제 염소를 잡아 그 피를 가지고 휘장 안에 들어가서 그 수송아지 피로 행함 같이 그 피로 행하여 속죄소 위와 속죄소 앞에 뿌릴지니"(15)하십니다. 여기에는 구속사를 이해하는 중요한 요점이 계시되어 있는데 세 마디로 되어 있습니다.

㉠ 첫째로 "백성을 위한 속죄제 염소를 잡으라"하십니다. 그 냥 잡는 것이 아니라 4장의 "속죄제 규례"에서 말씀하신 대로 대제사장 아론은 "두 손으로 염소의 머리에 안수"를 합니다. 그리하여 "이스라엘 자손의 모든 불의와 그 범한 모든 죄를 아뢰고 그 죄를 염소의 머리에"(21) 전가시킨 후에 잡게 되는 것입니다.

㉡ 둘째로 "그 피를 가지고 휘장 안에 들어가라"하십니다. 이 예표에 대해 히브리서는, "염소와 송아지의 피로 하지 아니하고 오직 자기의 피로 영원한 속죄를 이루사 단번에 성소에 들어가셨느니라"(히 9:12)고 해설하고 있습니다.

㉢ 셋째로 "그 피를 속죄소 위와 속죄소 앞에 뿌릴지니"하십니다. 본문에는 "속죄소"라는 말이 자주 등장하는데 이를 은혜를 베푸시는 곳이라 하여 시은소(施恩所)라고도 말합니다. 그러면 백성의 모든 죄를 속하신다는 "속죄소"가 어디인가? 다시 말하면 우리에게 은혜를 베푸시는 시은소가 어디에 있는가 하는 점입니다. 법궤의 뚜껑에 해당하는 부분이 속죄소인데, 대제사장이 가지고 들어간 속죄의 피를 그 위에 뿌리라 하십니다.

② 어찌하여 이처럼 중요한 "속죄소"를 법궤 뚜껑이 되는 구조로 명하셨는가 하는 점입니다. 법궤 안에는 십계명을 새긴 두 돌비가 들어 있습니다. 그런데 대제사장이 가지고 들어간 속죄 피를 그 "위에 뿌리라" 하심을 주목하시기를 바랍니다. 그러면 어떻게 되는 것인가?

㉠ 속죄 피가 돌비 〈위에〉 뿌려지게 되는 것입니다. 법궤를 이런 구조로 짓게 하시고, 이렇게 명하신 분은 하나님이십니다. 그리고 그 의도는 분명합니다. 하나님께서 우리를 보실 때에 돌비, 즉 율법을 통해서 보시는 것이 아니라 그 위에 뿌려진 "속죄 피"를 통해서 보신다는 것을 나타내기 위해서인 것입니다. 여기에 결정적인 은혜와 복음이 계시되어 있는 것입니다.

㉡ 유월절 어린양의 피도 대문 밖에 뿌려졌음을 상기하시기를 바랍니다. 뿌려진 피는 백성들 보라고 뿌려진 것이 아닙니다. 하나님께서, "내가 피를 볼 때에 너희를 넘어가리니"(출 12:13), 즉 하나님께서 그 안에 있는 백성들을 보실 때에 피를 통해서 보심으로 "넘어가실 수"가 있으셨던 것입니다. 그래서 하나님의 의로우심도 만족히 여기심을 받으시고 우리도 의롭다함을 얻을 수가 있었던 것입니다. 참으로 하나님의 계시는 충족된 계시요, 자상하고 부족함이 없습니다.

㉢ 이점이 로마서에서는 네 번의 "아래"라는 말로 설명이 되어 있습니다. 먼저 "율법 아래"(롬 3:19), 즉 하나님께서 법을 통하여 보시게 되면 어떻게 되는가? "죄 아래"(롬 3:9) 있게 되어, "심판 아래"(롬 3:19) 있게

된다는 것입니다. 그런데 그리스도인들은 "법아래 있지 아니하고 은혜 아래"(롬 6:14) 있다고 말씀하십니다. 즉 돌비를 통해서 보시는 것이 아니라 대속제물이 되신 그리스도의 "피"를 통해서 보신다는 말씀입니다. 속죄소 위에 뿌려진 피는 이에 대한 명백한 예표였던 것입니다.

③ 다시 상기시키면서 강조합니다만 속죄제물이 "흘린 피"(죽음)는 "뿌려져야"만 효과를 발생할 수가 있다는 점입니다. 출애굽의 밤에 누군가가 가장 지혜로운 양 이성적으로 판단하여 피를 대문에 뿌리지 않았다면 어떻게 되었겠는가를 생각해 보시기를 바랍니다. 대 속죄일에 피는 속죄제물이 흘렸으나 이 피를 가지고 지성소에 들어가서 속죄소에 뿌려야 하는 것은 대제사장이 행해야 하는 임무였던 것입니다.

㉠ 그러므로 신약성경에서도 성도들을 가리켜, "하나님 아버지의 미리 아심을 따라 성령이 거룩하게 하심으로 순종함과 예수 그리스도의 피 뿌림을 얻기 위하여 택하심을 받은 자들"(벧전 1:2)이라고 말씀합니다. 그렇습니다. 대속의 피는 예수 그리스도께서 흘리셨으나 뿌리는 것은 오늘의 설교자들이 행해야 한다는 점입니다.

㉡ 그러면 "피 뿌림을 얻는다"는 것이 구체적으로 어떻게 하는 것을 의미하는가? "그리스도 안에서 그의 은혜의 풍성함을 따라 그의 피로 말미암아 속량 곧 죄 사함을 받았느니라"(엡 1:7)한, 십자가 복음을 증언해주는 것이 "피를 뿌리는" 것과 같다는 점을 명심해야만 합니다. 이

점을 주님은, "내가 진실로 진실로 너희에게 이르노니 인자의 살을 먹지 아니하고 인자의 피를 마시지 아니하면 너희 속에 생명이 없느니라"(요 6:53)고 주님의 살과 피를 먹고 마시는 것으로 말씀하십니다.

④ 그러므로 대제사장이, "지성소에 속죄하러 들어가서 자기와 그의 집안과 이스라엘 온 회중을 위하여 속죄하고 나오기까지는 누구든지 회막에 있지 못할 것이며"(17)라고 경계하십니다.

㉠ 무엇을 드러내기 위해서 이렇게 금하시는가? 창조사역도, "누가 여호와의 영을 지도하였으며 그의 모사가 되어 그를 가르쳤으랴 그가 누구와 더불어 의논하셨으며 누가 그를 교훈하였으며 그에게 정의의 길로 가르쳤으며 지식을 가르쳤으며 통달의 도를 보여 주었느냐"(사 40:13-14)고 말씀하십니다. 창조사역도 하나님의 단독적인 사역이었다는 말씀입니다.

㉡ 속죄사역은 더욱더 그리스도의 단독적(單獨的)인 사역이지 누군가가 도와드릴 수 있는 것이 아니라는 점을 드러내기 위해서, "누구든지 회막에 있지 못할 것이며"라고 금하신 것입니다. 주님은 잡히시던 날 밤에 주를 위하여 목숨을 버리겠나이다, 즉 따라 가겠노라 하는 베드로에게 "내가 가는 곳에 네가 지금은 따라올 수 없으나 후에는 따라오리라"(요 13:36)하셨습니다. 도와드린 자도 없고, 보태야 하는 것도 아니요, 우리가 먼저 드려서 갚으심을 받게 한 것도 아닌(롬 11:35), 선

수적인 사랑이요, 전적인 은혜라는 말씀입니다. 이것이 자기 아들을 통해서 이루어주실 복음에 대한 첫번 예표입니다.

⑤ 복음의 둘째 예표는, "살아 있는 염소를 드리되 아론은 그의 두 손으로 살아 있는 염소의 머리에 안수하여 이스라엘 자손의 모든 불의와 그 범한 모든 죄를 아뢰고 그 죄를 염소의 머리에 두어 미리 정한 사람에게 맡겨 광야로 보낼지니"(20하-21) 하십니다.

㉠ 속죄의 원리는 우선적으로 "안수함"으로 제물과 일체를 이루게 하고, "모든 불의와 범한 모든 죄를 고함"으로 전가(轉嫁)를 시키어 "죽임"을 당하게 되는데 본문은 특이하게 "광야로 보내라" 하십니다.

㉡ "염소가 그들의 모든 불의를 지고 접근하기 어려운 땅(無人之境)에 이르거든 그는 그 염소를 광야에 놓을지니라"(22) 하십니다. 백성의 모든 불의와 모든 죄를 짊어진 염소는 무인지경으로 보냄을 받게 되어, 멀리 멀리 보이지 않게 사라지게 되는데 필경은 가다가 죽고 말 것입니다.

세례 요한이, "예수께서 자기에게 나아오심을 보고 이르되 보라 세상 죄를 지고 가는 하나님의 어린 양이로다"(요 1:29)고 증언한 것은 모든 불의와 죄를 지고 가는 "아사셀 염소"를 염두에 두었기 때문일 것입니다. 주님은 분명 세례 요한에게 나아오고 계셨는데 요한은 "세상 죄를 지고 가는" 어린 양이라고 말하고 있었던 것입니다.

㉢ 이점을 시편에서는, "동이 서에서 먼 것같이 우리의 죄과(罪過)를

우리에게서 멀리 옮기셨으며"(시 103:12)라고 증언하고, 이사야서에서는 "주께서 내 영혼을 사랑하사 멸망의 구덩이에서 건지셨고 내 모든 죄를 주의 등 뒤에 던지셨나이다"(사 38:17)고 말씀하고, 미가 선지자는 "주와 같은 신이 어디 있으리이까 주께서는 죄악과 그 기업에 남은 자의 허물을 사유하시며 인애를 기뻐하시므로 진노를 오래 품지 아니하시나이다 다시 우리를 불쌍히 여기셔서 우리의 죄악을 발로 밟으시고 우리의 모든 죄를 깊은 바다에 던지시리이다"(미 7:18-19)고 감격해 합니다.

⑥ 대 속죄일의 의식은 여기서 끝나는 것이 아니라, "자기의 번제와 백성의 번제를 드려 속죄제물의 기름을 제단에서 불사르는"(24-25) "번제", 즉 헌신으로 마치고 있다는 점을 명심해야만 합니다.

㉠ 속죄제가 드려진 후에는 반드시 헌신을 다짐하는 "번제"가 드려지고 있습니다. 이점을 신약성경에서는, "그가 모든 사람을 대신하여 죽으심은 살아 있는 자들로 하여금 다시는 그들 자신을 위하여 살지 않고 오직 그들을 대신하여 죽었다가 다시 살아나신 이를 위하여 살게 하려 함이라"(고후 5:15)고 말씀합니다.

㉡ 이처럼 대 속죄일에는 우리에게 확신을 주기 위해서 복음의 이중장치가 마련되어 있는 것입니다. 첫째는 대속제물이 죽어서 그 피가 속죄소 위에 뿌려진 것이고, 둘째는 "세상 죄를 지고 가는 하나님의 어린양"입니다. 이는 둘이 아니라 유일한 그리스도의 구속사역을 두

가지 예표로 계시하신 것입니다. 이제 분명합니까? 헌신의 결단을 하게 되셨습니까? 이것이 "속죄일을 통한 이중적인 복음계시"입니다.

날 대속하신 예수께 내 생명 모두 드리니

늘 진실하게 하소서 내 구주 예수여

주 십자가에 달리사 날 자유하게 했으니

내 몸과 맘을 주 위해 다 쓰게 하소서

나 구주 위해 살리라 내 기쁨 한량없으리

내 갈 길 인도하소서 내 구주 예수여 아멘. (321장)

레위기 17:10-14 분석도표

주제 : 내가 이 피를 너희에게 주어

<table>
<tr>
<td rowspan="2">피를 금함</td>
<td>

10

10 이스라엘 집 사람이나 그들 중에 거류하는 거류민 중에

내가 그 피를 먹는 그 사람에게는 내 얼굴을 대하여 | **무슨 피든지 먹는 자가 있으면**
그를 백성 중에서 끊으리니

</td>
</tr>
</table>

<table>
<tr>
<td rowspan="2">죄를 속하게 하려함</td>
<td>

11-14

11 육체의 생명은 피에 있음이라 **내가 이 피를 너희에게 주어**

↓

제단에 뿌려
너희의 생명을 위하여 속죄하게 하였나니
생명이 피에 있으므로 피가 죄를 속하느니라

12 그러므로 내가 이스라엘 자손에게 말하기를 너희 중에 **아무도 피를 먹지 말며**
　 너희 중에 거류하는 거류민이라도　　　　　　　**피를 먹지 말라 하였나니**

13 모든 이스라엘 자손이나 그들 중에 거류하는 거류민이 먹을 만한 짐승이나 새를
　 사냥하여 잡거든

그것의 피를 흘리고 흙으로 덮을지니라
모든 생물은 그 피가 생명과 일체라

14
그러므로 내가 이스라엘 자손에게 이르기를 너희는

↓

어떤 육체의 피든지 먹지 말라 하였나니
모든 육체의 생명은 그것의 피인즉
그 피를 먹는 모든 자는 끊어지리라

</td>
</tr>
</table>

내가 이 피를 너희에게 주어

설교 작성노트

본문을 해석하는 열쇠는 "피"다. 네 절 안에 13번이나 등장한다. "무슨 피든지 먹는 자가 있으면 백성 중에서 끊으리니", 즉 언약 백성에서 탈락하게 된다는 것이다. 그러면 "피를 먹지 말라"고 이처럼 엄하게 금하시는 하나님의 의도가 무엇인가? 이를 증언하려는 것이 내용목적이다.

그런데 하나님께서는 "이 피를 너희에게 주어 제단에 뿌려 너희의 생명을 위하여 속죄하게 하였나니"(11)하신다. 그러면 이 "피를 우리에게 주신다"는 것이 우리에게는 어떻게 이루어지는가 하는 점에 적용목적이 있다 하겠다.

강론

하나님께서는, "이스라엘 집 사람이나 그들 중에 거류하는 거류민 중에 무슨 피든지 먹는 자가 있으면 내가 그 피를 먹는 그 사람에게는 내 얼굴을 대하여 그를 백성 중에서 끊으리니"(10)하십니다. 이처럼 본문을 해석하는 열쇠는 "피"입니다. "피"라는 말이 네 절에 불과한 본문 안에 무려 13번이나 등장합니다.

① 그러면 먼저 성경에서 "피"가 어떤 의미가 있는가를 생각해보아야만 합니다. 그냥 "피"하면, "모든 생물은 그 피가 생명과 일체라"(14)하신 대로 "생명"(生命)을 의미합니다.

㉠ 그런데 "흘린 피"하게 되면, "그가 피를 흘렸은즉 자기 백성 중에서 끊어지리라"(4)한, "죽음"을 의미하게 되는 것입니다.

㉡ 그런데 "흘린 피가, 뿌린 피"가 될 때에 비로소 우리에게 적용이 되는 것입니다. 왜냐하면 나를 대신하여 "죽었다"는 것을 믿는다는 의미가 되기 때문입니다. "생명의 피가, 흘린 피가 되어, 뿌린 피"가 되어야만 대속이 된다는 것이 "피"에 대한 성경의 증거인 것입니다.

㉢ 그러므로 하나님의 구원계획에 있어서 "피"라는 주제는 중심 주제라 할 수가 있습니다. 어찌하여 중심 주제가 되었는가? 하나님의 첫 금령이, "네가 먹는 날에는 반드시 죽으리라"(창 2:17)하신, "죽음"이었기 때문입니다. 그런데 인류의 시조가 이 금령을 범함으로, "한 사람

으로 말미암아 죄가 세상에 들어오고 죄로 말미암아 사망이 들어왔나니"(롬 5:12)하고 "죽음"이라는 문제가 풀어야 할 숙제가 된 것입니다.

이에 대한 해답은, "피 흘림이 없은즉 사함이 없느니라"(히 9:22), 즉 죽음만이 해답이라고 말씀하고 있기 때문에 "생명의 피가, 흘린 피가 되어, 뿌린 피"가 되어야 한다는 것이 구속사에 있어서 중심 주제로 부각이 된 것입니다.

② "이스라엘 집 사람이나 그들 중에 거류하는 거류민 중에 무슨 피든지 먹는 자가 있으면, 그를 백성 중에서 끊으리니"(10)하십니다. 12절에서도 "너희 중에 아무도 피를 먹지 말며 너희 중에 거류하는 거류민이라도 피를 먹지 말라" 하시고, 14절에서도 "모든 생물은 그 피가 생명과 일체라 그러므로 내가 이스라엘 자손에게 이르기를 너희는 어떤 육체의 피든지 먹지 말라 하였나니 모든 육체의 생명은 그것의 피인즉 그 피를 먹는 모든 자는 끊어지리라"고 금하십니다.

㉠ 이렇게 금하신 것은 여기가 처음이 아니라 홍수심판 후에도, "그러나 고기를 그 생명 되는 피째 먹지 말 것이니라 내가 반드시 너희의 피 곧 너희의 생명의 피를 찾으리라"(창 9:4-5)고 금하셨습니다. "백성 중에서 끊으리라, 피를 찾으리라"하심은 죽는다는 것과 같은 의미입니다. 이처럼 피를 먹지 말라고 금하시는 하나님의 의도가 무엇인가?

ⓛ "피를 먹지 말라"고 금하시니까 어떤 마음이 드십니까? 혹시 좋은 것은 하나님만 잡수시려는 것이구나, 아니면 하나님은 우리를 사랑하지 않는가보다 하고 생각하는 것은 아닙니까? 그렇게 생각한 때가 있었습니다. 먼저는 아담 하와입니다. 그것은 사탄이, "너희가 결코 죽지 아니하리라 너희가 그것을 먹는 날에는 너희 눈이 밝아져 하나님과 같이 되어 선악을 알 줄 하나님이 아심이니라"(창 3:4-5), 즉 너희를 사랑하지 않기 때문에 먹지 말라 하신다고 미혹을 했기 때문입니다.

ⓒ 그리고 이스라엘 백성들입니다. 하나님께서, "내가 너희를 사랑하였노라"하시니까 그들은, "주께서 어떻게 우리를 사랑하셨나이까"(말 1:2), 즉 하나님이 사랑하시는 것이 이 모양 이 꼴입니까 하고 항변했던 것입니다.

ⓔ 또한 우리들입니다. 그래서 사도는, "자기 아들을 아끼지 아니하시고 우리 모든 사람을 위하여 내어주신 이가 어찌 그 아들과 함께 모든 것을 우리에게 주시지 아니하겠느냐"(롬 8:32)고 말씀했던 것입니다. 하나님의 사랑을 불신하는 것보다 하나님을 슬프시게 하는 일이란 달리는 없습니다.

③ 그런데 놀라운 말씀을 대하게 됩니다. "육체의 생명은 피에 있음이라 내가 이 피를 너희에게 주어 제단에 뿌려 너희의 생명을 위하여 속죄하게 하였나니 생명이 피에 있으므로 피가 죄를 속하느니라"(11)

고 말씀하시는 것이 아닌가!!

㉠ "먹지 말라", 즉 범하지 못하도록 금하셨던 "피를 너희에게 주겠다"하십니다.

㉡ 왜냐하면 "제단에 뿌려",

㉢ "너희의 생명을 위하여 속죄하게 하기" 위해서라 하십니다.

㉣ 왜냐하면 "생명이 피에 있으므로 피가 죄를 속하느니라", 즉 죄 값은 사망이기 때문에 죽음을 나타내는 "흘린 피"만이 죄를 속할 수가 있기 때문이라는 것입니다.

㉤ "내가 이 피를 너희에게 주어 제단에 뿌려"하신 말씀을 문맥적으로 확인하게 되면 하나님의 마음을 더욱 분명하게 깨닫게 됩니다. 하나님이 주신 "그 피를 가져다가 회막 문 앞 제단 사방에 뿌릴 것이며"(1:5), 제사장들은 그것의 피를 제단 사방에 뿌릴 것이며"(1:11) 등 12번이나 등장합니다. 16:15절을 확인하시기 바랍니다. "백성을 위한 속죄제 염소를 잡아 그 피를 가지고 휘장 안에 들어가서 속죄소 위와 속죄소 앞에 뿌릴지니"하십니다.

④ 짐승의 피가 아닙니다. 왜냐하면 "이는 황소와 염소의 피가 능히 죄를 없이 하지 못하기"(히 10:4) 때문입니다. 그리고 "너희에게 주어"하신 우리에게 주시기 위해서는 "흘린 피", 즉 대신 죽어야만 한다는 점입니다.

㉠ 하나님께서는 자기 아들을 우리 대신 죽음에 내어주시고 아들의 "흘린 피"를 우리에게 주셔서 죄를 속하게 하시려는 계획을 갖고 계신다는 말씀입니다. "피를 먹지 말라"고 금하신 하나님의 마음이, "너희에게 주기" 위해서, "너희의 생명을 속죄하기" 위해서였다는 말씀을 대하면서 형제의 마음은 어떠합니까? 아들의 피를 주실 때까지 "피"를 소홀히 다루지 못하도록 경외심을 갖게 하여, 그리스도께서 흘리실 보혈의 "거룩함·의로움·귀중성"을 깨닫게 하기 위해서 "먹지 말라" 금하신 것이라는 말씀입니다.

㉡ 이점을 신약성경에서는 "하물며 하나님의 아들을 짓밟고 자기를 거룩하게 한 언약의 피를 부정한 것으로 여기고 은혜의 성령을 욕되게 하는 자가 당연히 받을 형벌은 얼마나 더 무겁겠느냐 너희는 생각하라"(히 10:29) 하십니다.

⑤ 이 예표가 어떻게 성취되었는지 형제는 말해줄 수가 있습니까? 하나님은 "이 피를 너희에게 주어 죄를 속하게 하려 한다"고 말씀하시고, 주님은 잡히시던 날 밤 "받아 먹으라 이것이 내 몸이니라, 너희가 이것을 마시라 이것은 죄 사함을 얻게 하려고 많은 사람을 위하여 흘리는바 나의 피 곧 언약의 피니라"(마 26:26-27)고, 우리에게 주심으로 구약성경을 통해서 미리 말씀하신 것을 성취하여 주셨던 것입니다.

㉠ 그리고 "내가 진실로 진실로 너희에게 이르노니 인자의 살을 먹

지 아니하고 인자의 피를 마시지 아니하면 너희 속에 생명이 없느니라"(요 6:53) 하십니다. 짐승의 피까지 아끼서서 먹지 말라 하신 하나님은 자기 아들의 피를 흘리게 하셔서 "이 피를 마셔라 그래야 생명이 있다"라고 말씀하시려는 것입니다. 그래도 하나님은 나를 사랑하시지 않는가보다고 말하겠습니까? 이제 분명합니까? 확신하는데 거하게 되었습니까?

ⓛ 그러면 어떻게 하는 것이 성도들에게 예수 그리스도의 "살과 피"를 먹고 마시게 할 수가 있는가 하는 점입니다. 사도 베드로는, "너희가 알거니와 너희 조상이 물려 준 헛된 행실에서 대속함을 받은 것은 은이나 금 같이 없어질 것으로 된 것이 아니요 오직 흠 없고 점 없는 어린 양 같은 그리스도의 보배로운 피로 된 것이니라"(벧전 1:18-19)고 증언하였고, 사도 바울은 "우리는 그리스도 안에서 그의 은혜의 풍성함을 따라 그의 피로 말미암아 속량 곧 죄 사함을 받았느니라"(엡 1:7)고 하나님의 아들 그리스도께서 우리를 위하여 흘려주신 "피 복음"을 증언했습니다. 성도들은, "내가 주의 말씀을 얻어 먹었사오니"(렘 15:16)한 대로 이 복음을 받음으로 주님의 살과 피를 받아먹었던 것입니다.

ⓖ 이런 맥락에서 여기 또 중요한 요점이 나타납니다. "모든 이스라엘 자손이나 그들 중에 거류하는 거류민이 먹을 만한 짐승이나 새를 사냥하여 잡거든 그것의 피를 흘리고 흙으로 덮을지니라"(13) 하신 "덮

으라”는 말씀입니다.

㉠ 흘린 피를 먹지 말고, “흙으로 덮으라” 하심은 장례를 지내는 것과 같은 의미인 것입니다. 질문을 드려보겠습니다. 그러면 주님께서 흘리신 피를 덮어야 하는가? 드러내고 증언해서 마시게 해야 하는가? 주님께서 흘리신 피는 덮이지도 않을 뿐만이 아니라, 덮이게 해서도 아니 되는 것입니다.

㉡ 하나님은, “내가 내 아우를 지키는 자니이까” 라고 핑계를 대는 가인에게, “네 아우의 핏 소리가 땅에서부터 내게 호소(呼訴)하느니라”(창 4:10) 하십니다. 히브리서 기자는 이 말씀을 받아서, “새 언약의 중보자이신 예수와 및 아벨의 피보다 더 나은 것을 말하는 뿌린 피니라”(히 12:24)고, 증언합니다. 주님이 흘리신 피는 “호소하는 피, 증언하는 피, 역사하는 피”인 것입니다.

단 “내 증인이 되리라” 하신 형제의 입을 통해서 증언되어야 한다는 점을 명심하기를 바랍니다. 그런데 오늘날은 주님이 흘리신 피가 호소하지 못하도록 “덮으려”하고 있는 것이 아닌지 답답하고 안타깝습니다.

⑦ 다시 강조합니다만 “피”는 생명을 의미하나 “흘린 피”는 죽음을 의미합니다. 그리고 흘린 피가 “뿌린 피”가 될 때에야 비로소 내게 효험이 있게 되는 것입니다. 이를 알았기에 베드로는 그리스도인들을

가리켜, "하나님 아버지의 미리 아심을 따라 성령이 거룩하게 하심으로 순종함과 예수 그리스도의 피 뿌림을 얻기 위하여 택하심을 받은 자들"(벧전 1:2)이라고 말씀했던 것입니다.

그리고 명심해야 할 점은, "그 피를 먹는 모든 자는 끊어지리라"(14) 하셨는데, 이제는 도리어 "내가 진실로 진실로 너희에게 이르노니 인자의 살을 먹지 아니하고 인자의 피를 마시지 아니하면 너희 속에 생명이 없느니라"(요 6:53)고, 먹고 마셔야만 생명이 있다고 말씀하십니다. 이는 십자가 복음을 증언해 줌으로 가능해진다는 점을 명심해야만 합니다. 이것이 "내가 이 피를 너희에게 주어"라는 의미입니다.

> 내 주의 보혈은 정하고 정하다
> 내 죄를 정케 하신 주 날 오라 하신다
>
> 그 피가 맘 속에 큰 증거 됩니다.
> 내 기도 소리 들으사 다 허락하소서
> 내가 주께로 지금 가오니 십자가의 보혈로
> 날 씻어 주소서 아멘. (254장)

레위기 23:1-14 분석도표

주제 : 유월절, 무교절, 초실절의 구속사적 의미

안식일

1-3

1 여호와께서 모세에게 말씀하여 이르시되
2 이스라엘 자손에게 말하여 이르라
　　　너희가 성회로 공포할 | 이것이 나의 절기들이니 / 여호와의 절기들이니라
3 엿새 동안은 일할 것이요 | 일곱째 날은 쉴 안식일이니 성회의 날이라
너희는 아무 일도 하지 말라
이는 너희가 거주하는 각처에서 지킬 | 여호와의 안식일이니라

유월절과 무교절

4-8

4 이것이 너희가 그 정한 때에 성회로 공포할 | 여호와의 절기들이니라

5 첫째 달 열나흗날 저녁은 | 여호와의 유월절이요
6 이 달 열 닷샛날은 | 여호와의 무교절이니
　이레 동안 너희는 무교병을 먹을 것이요
7 그 첫 날에는 너희가 성회로 모이고 | 아무 노동도 하지 말지며
8 너희는 이레 동안 여호와께 | 화제를 드릴 것이요
　　　일곱째 날에도 성회로 모이고 | 아무 노동도 하지 말지니라

초실절

9-14

9 여호와께서 모세에게 말씀하여 이르시되
10 이스라엘 자손에게 말하여 이르라 너희는 | 내가 너희에게 주는 땅에 들어가서
　너희의 곡물을 거둘 때에 너희의 | 곡물의 첫 이삭 한 단을 제사장에게로 가져갈 것이요

11 제사장은 너희를 위하여 그 단을 여호와
　　　앞에 기쁘게 받으심이 되도록 흔들되 | 안식일 이튿날에 흔들 것이며

12 너희가 그 단을 흔드는 날에 일 년 되고 흠 없는 숫양을 여호와께 번제로 드리고
13 그 소제로는 기름 섞은 고운 가루 십분의 이 에바를 여호와께 드려 화제로 삼아
　향기로운 냄새가 되게 하고 전제로는 포도주 사분의 일 힌을 쓸 것이며
14 | 너희는 너희 하나님께 예물을 가져오는 그 날까지 / 떡이든지 볶은 곡식이든지 생 이삭이든지 먹지 말지니
이는 너희가 거주하는 각처에서 대대로 지킬 영원한 규례니라

유월절·무교절·초실절의 구속사적 의미

설교 작성노트

23장 안에는 일곱 절기가 들어 있다. 이를 가리켜 "여호와의 절기" (2)라 하신다. "절기"란 일종의 축제인데 이는 하나님께서 우리들에게 베풀어주실 은혜의 선물을 가리키는 것이다. 그런데 23장 안에 일곱 절기가 들어 있다니 그야말로 "종합 선물 세트"라 할 수가 있다. 하나님의 구원계획을 절기들을 통해서 계시하시려는 것이다. 우선적으로 "유월절, 무교절, 초실절"의 구속사적 의미가 무엇인가를 증언하려는 것이 내용목적이다.

그리고 10절에, "첫 이삭 한 단을 제사장에게로 가져갈 것이요"라고 말씀하시는데 이는 주님께서 유월절 양으로 죽임을 당하셨다가 부활하심으로 "첫 열매"가 되실 것을 나타낸다. 이때로부터 본격적인 추수가 시작이 된다는 여기에 적용목적이 있다 하겠다.

강론

① 23장 안에는 "유월절·무교절·초실절·오순절·나팔절·대 속죄일·초막절" 등 일곱 가지 절기가 들어 있습니다. 이를 가리켜 "여호와의 절기들"(2)이라 하십니다. "절기"란 일종의 축제인데 "여호와의 절기"란 하나님께서 우리들에게 베풀어주실 천국잔치요, 은혜의 선물을 뜻합니다.

㉠ 하나님께서는 구원계획을 이해하기 쉽도록 절기들을 통해서 계시하시려는 것입니다. 이 절기가 구약시대는 예표로 주어졌으나 우리는 실체로 성취하여주신 이후를 살아가고 있는 것입니다. 그러므로 이 절기들을 해석할 때에 "감추어졌던 것인데 이제는 그의 성도들에게 나타났고"(골 1:26)한, 밝히 드러난 복음을 들어서 해석해야만 은혜의 영광스러움을 밝히 깨달을 수가 있는 것입니다.

㉡ 그러므로 먼저 확고해야 할 점은 하나님께서는 "이 절기들을 지키라" 하시는데 그러면 누구를 위해서 지키라 하시는가 하는 점입니다. 하나님을 위해서입니까? 아닙니다. "지키라"하심은 주님께서 "안식일이 사람을 위하여 있는 것이요 사람이 안식일을 위하여 있는 것이

아니니"(막 2:27)하신 대로 하나님을 위해서가 아니라, 우리를 위해서 베푸신 절기들이라는 점에 확고해야만 합니다.

다시 말하면 메시아 언약(言約)을 망각하지 않고 바라고 기다리게(待望) 하기 위해서인 것입니다. 이를 신약성경은 "모형과 그림자"라 하면서 "개혁(改革)할 때까지 맡겨둔 것이니라"(히 8:5, 9:10)고 말씀합니다.

② 일곱 가지 절기는 "유월절"로 시작하여 "초막절"로 마치는 순서입니다. 이 순서들이 무심한 것이 아니어서, "유월절" 곧 그리스도께서 유월절 어린 양이 되어주실 것으로 시작하여 "초막절", 즉 주님의 재림으로 완성이 된다는 점을 나타냅니다.

㉠ 그러므로 일곱 가지 절기는 창세기로부터 계시록까지, 그리스도의 초림으로부터 재림까지, 하나님께서 이루시려는 하나님의 구원계획을 절기라는 예표를 통해서 축약해서 계시하시는 것이라 할 수가 있습니다.

㉡ 이런 절기들이 한 장 안에 일곱 가지가 들어 있다니 23장이야 말로 "종합 선물 세트"라 할 수가 있습니다. 그래서 몇 번에 걸쳐서 말씀드리려고 합니다. 우선적으로 "유월절과 무교절과 초실절"의 구속사적 의미가 무엇인가부터 살펴보도록 하겠습니다.

③ 하나님은 일곱 절기를 말씀하시기 전에, "엿새 동안은 일할 것이

요 일곱째 날은 쉴 안식일이니 성회의 날이라"(3)고 "안식일"(安息日)부터 말씀을 하십니다. 왜 안식일부터 말씀하시는가? "안식일"의 기원(起源)은 일곱째 날에 쉬셨다는 창조사역에 근거한 것이지만 이를 "지키라" 하시는 하나님의 의도는 과거회기(過去回歸)적인 것이 아니라 미래(未來)에 소망을 주기 위해서인 것입니다.

㉠ 이점이 주님께서 "내 아버지께서 이제까지 일하시니 나도 일한다"(요 5:17)고, 하나님은 안식하시는 것이 아니라 일을 하시는 하나님이라고 말씀하신 데서 분명히 드러납니다. 하나님은 "일곱째 날에 안식하시니라"(창 2:1) 했습니다. 그런데 창세기 3장에서 죄가 들어옴으로 안식이 깨지고 말았던 것입니다.

㉡ 그 후 약속의 땅 가나안에 정착하게 된 것을, "말씀하신 대로 안식을 주셨다"(수 22:4)고 말합니다. 바로의 노예였던 자들이 기업을 분배받아 정착하게 되었다는 것은 분명한 "안식"이었습니다. 그런데 신약성경은, "만일 여호수아가 그들에게 안식을 주었더라면 그 후에 다른 날을 말씀하지 아니하셨으리라 그런즉 안식할 때가 하나님의 백성에게 남아 있도다"(히 4:8-9)고, 가나안에 입성한 안식은 참 안식의 예표였다는 것입니다. 하나님께서는 범죄로 말미암아 잃어버린 안식을 그리스도의 구속을 통해서 회복시켜 주시려는 것입니다. 그래서 대 속죄일을 가리켜 "안식일 중의 안식일"(16:31)이라 하시는 까닭이 여기에 있는 것입니다.

ⓒ 그러므로 모든 절기의 공통목표는, "죽기를 무서워하므로 한평생 매여 종노릇 하는 모든 자들"(히 2:15)에게 "안식"을 주시려는 것으로 모아지고 있는 것입니다. 그리고 온전한 안식은, "모든 눈물을 그 눈에서 닦아 주시니 다시는 사망이 없고 애통하는 것이나 곡하는 것이나 아픈 것이 다시 있지 아니하리니 처음 것들이 다 지나갔음이러라"(계 21:4)할 주님의 재림의 날에 온전히 성취가 되는 것입니다. 그리스도인들은 구원을 얻음으로 영혼의 안식은 이미 얻었으나, "영광의 자유"(롬 8:21)에 이르게 되는 온전한 "안식"은 그리스도의 재림의 날에 누리게 될 것입니다.

그런데 "안식일과 주일"을 혼동(混同)하여 주일성수를 율법적으로 강조하는 경향이 있습니다만, 이는 성도들을 "안식일을 위해서 있게" 하는 것과 같아서 복음을 의문(儀文)으로 바꾸는 잘못입니다. 주일 성수는 십계명에 근거해서가 아니라, "그리스도의 사랑이 우리를 강권하시는 도다"(고후 5: 14) 한 복음, 즉 새 계명에 이끌림을 받는 것이 되어야만 합니다. 이런 맥락에서 "안식"(安息)이라는 주제는 일곱 가지 절기의 기본(基本)이 되고 원리가 되는 주제이기에 맨 먼저 말씀하는 것입니다.

④ 명제와 같은 안식일을 말씀하신 후에, "이것이 너희가 그 정한 때에 성회로 공포할 여호와의 절기들이니라"(4)고 절기를 말씀하시는데,

"첫째 달 열 나흗날 저녁은 여호와의 유월절이요"(4-5)하고, 제일 먼저 "유월절"로 시작이 됩니다.

㉠ "유월절"은, "우리의 유월절 양 곧 그리스도께서 희생되셨느니라"(고전 5:7)한, 주님께서 우리의 대속제물이 되실 것에 대한 예표입니다. 그러므로 우리들의 신앙의 출발도, "하나님이 죄를 알지도 못하신 이를 우리를 대신하여 죄로 삼으신 것은"(고후 5:21)한, "유월절"로부터 시작이 되어야 하는 것입니다.

㉡ 이스라엘 백성들에게 "유월절"은 광복절이요, 바로의 노예에서 자유를 얻게 된 해방 기념일과 같은 절기입니다. 그러므로 달리 부를 수도 있는데 어찌하여 "유월절"이라 하는가? 유월이란 "건널 유(逾), 넘을 월"(越)이란 뜻입니다. 하나님께서는, "내가 애굽 땅을 칠 때에 그 피가 너희가 사는 집에 있어서 너희를 위하여 표적이 될지라 내가 피를 볼 때에 너희를 넘어가리니 재앙이 너희에게 내려 멸하지 아니하리라"(출 12:13) 하셨습니다.

이스라엘 집에서도 "죽음"은 있었습니다. 그 죽음을 뿌려진 "피"가 말해주고 있는 것입니다. 다만 어린 양이 대신 죽은 것입니다. 장자를 치시는 재앙은 죄에 대한 심판인데 하나님 앞에 죄인 됨은 애굽 사람만이 아니라, "그러면 어떠하냐 우리는 나으냐 결코 아니라 유대인이나 헬라인이나 다 죄 아래에 있다고 우리가 이미 선언하였느니라"(롬 3:9)한 대로 이스라엘 백성들도 죄인들입니다.

그러므로 하나님의 의로우심은 그냥 넘어가실 수가 없으셨던 것입니다. 대문에 뿌려진 피를 볼 때에 그 집을 건너고 넘어가는 것이 가능했던 것입니다. 그래서 "유월절"이요, 이 의미가 복음을 가장 잘 설명해주고 있는 것입니다.

ⓒ 주님은, "내가 고난을 받기 전에 너희와 함께 이 유월절 먹기를 원하고 원하였노라"(눅 22:15) 하셨습니다. 죽음을 앞에 두고 그토록 "원하고 원하신" 주님의 소원이 무엇인가? 그 밤은 그림자로 주어졌던 유월절이 참 것으로 개혁(改革)이 되는 마지막 유월절이요, 첫 성찬(聖餐)의 밤이었던 것입니다. 제자들에게 이점을 깨닫게 하시기를 "원하고 원하신" 셈입니다.

구약의 성도들은 유월절을 지키면서 그리스도의 초림을 기다리고 있었고, 신약의 성도들은 성찬을 행하면서 그리스도의 죽으심을 증언하면서 재림을 기다리고 있는 것입니다. 이를 망각하지 않게 하시려고 유월절을 지키라 하셨고, "이를 행하여 나를 기념하라"고 성찬을 주신 것입니다.

ⓔ 4절에 보면 유월절을 말씀하는 서두에 "그 정한 때에"(4상) 라는 말씀이 있습니다. 하나님이 하시는 모든 일은, "때가 찬 경륜"(엡 1:9) 가운데 이루십니다. "때가 차매 하나님이 그 아들을 보내사 여자에게 나게"(갈 4:4) 하시어 유월절 어린 양이 되게 하셨습니다. 또한 "때가 차매" 우리를 영접하러 재림하실 것입니다.

⑤ "이 달 열 닷샛날은 여호와의 무교절이니 이레 동안 너희는 무교병을 먹을 것이요"(6) 하십니다.

㉠ 유월절은 14일 저녁뿐이요, 계속해서 "무교절"로 이어집니다. 다른 절기는 7일 동안 지키라 하시면서 어찌하여 "열 나흗날 저녁은 여호와의 유월절이요"(5)하고, "저녁"이라는 짧은 순간만이 유월절이라 하시는가? 우리의 구원은, "예수 그리스도의 몸을 단번에 드리심으로 말미암아 우리가 거룩함을 얻었노라"(히 10:10)한, 단 번에 성취하셨기 때문입니다.

㉡ 그래서 유월절이 무교절로 이어지고 있는데 "무교절"(無酵節)이란 글자 그대로 누룩 없는 떡을 먹는 날입니다. 성경에서 "누룩"은 죄를 상징하는 것으로, 유월절 어린 양의 피로 구속함을 얻어 하나님의 백성이 된 자들은 누룩 없는 떡과 같은 삶을 살아야만 한다는 점을 나타냅니다. 그래서 유월절은 정월 14일 저녁뿐이지만 "무교절"은 다음 날부터 칠일 동안 계속됩니다. "7"은 완전을 뜻하는 것으로 성화(聖化)의 삶은 주님 재림하시는 날까지 계속되어야 한다는 뜻입니다. 그러므로 "유월절과 무교절"은 떼어놓을 수가 없고, 성경은 이를 하나로 말씀하기도 합니다.

⑥ 무교절을 말씀한 후에, "여호와께서 모세에게 말씀하여 이르시

되"(9)합니다. 23장에는, "여호와께서 모세에게 말씀하여 이르시되"하는 말이 5번(1, 9, 23, 26, 33) 등장하는데 이는 새로운 주제로 넘어가는 역할을 합니다. 그러면 새로운 주제가 무엇인가?

㉠ "이스라엘 자손에게 말하여 이르라 너희는 내가 너희에게 주는 땅에 들어가서 너희의 곡물을 거둘 때에 너희의 곡물의 첫 이삭 한 단을 제사장에게로 가져갈 것이요"(10)한, "첫 이삭"에 관한 것입니다. 이것이 첫 열매를 드리는 "초실절"(初實節)인데(출 34:22), 추수감사절의 유래가 된 근거입니다.

이스라엘 백성들이 약속의 땅 가나안에 들어가서 곡물을 거둘 때에 "첫 이삭"을 여호와 앞에 요제로 드렸을 때의 감격, 청교도들이 신앙의 자유를 찾아 천신만고 끝에 신대륙에 이르러 "첫 이삭"을 하나님 앞에 흔들며 감사하던 그 감격을 생각해 보시기를 바랍니다.

㉡ 그런데 "초실절"을 통해서 계시하시려는 바는 이런 교훈이 전부가 아닌 것입니다. 사도 바울은 부활장에서, "그러나 이제 그리스도께서 죽은 자 가운데서 다시 살아나사 잠자는 자들의 첫 열매가 되셨도다"(고전 15:20)합니다. 언제 죽임을 당하셨는가? "유월절 어린 양"으로 죽임을 당하신 것입니다. 사도가 주님의 부활을 "첫 열매"라 한 것은 본문을 염두에 두었기 때문일 것입니다.

㉢ 언제 부활하셨는가? 이점을 본문에서는 "흔들되 안식일 이튿날에 흔들 것이며"(11하)합니다. 우리 주님은 "안식일이 다 지나고 안식

후 첫날이 되려는 새벽에"(마 28:1), 죽은 자 가운데서 다시 살아나심으로 "첫 열매"가 되신 것입니다.

⑦ 그러므로 "너희는 너희 하나님께 예물(첫 이삭)을 가져오는 그 날까지 떡이든지 볶은 곡식이든지 생 이삭이든지 먹지 말지니"(14) 하시는데 어떤 의미가 있는가? 이를 구속사의 관점으로 본다면 그리스도께서, "첫 열매"가 되심으로 비로소 먹고 영생에 이르는 구원의 문이 열리게 됨을 나타낸다 하겠습니다.

㉠ 첫 이삭을 드리기 전에는 "먹지 말라" 하신 말씀은, "피를 먹지 말라"(17:10) 하신 말씀과도 맥을 같이 합니다. 왜냐하면 "피"로 우리 죄를 대속하시고 부활하여 "첫 열매"가 되심으로 비로소, "이 떡을 먹는 자는 영원히 살리라"(요 6:58)하신 생명의 양식이 주어지게 되었으며, 본격적인 추수가 시작이 되었기 때문입니다.

㉡ 이상 말씀드린 것을 요약을 한다면, 주님은 우리에게 안식을 주기 위해서 유월절 어린 양으로 대속제물이 되어주셨고, 죽은 자 가운데서 부활하심으로 첫 열매가 되셨으며, "생명의 양식"이 되어주셨습니다.

그러면 이 은혜를 입은 자들이 행해야 할 일은 무엇인가? 첫째는, 누룩이 없는 무교절의 삶을 살아야 한다는 점이고, 둘째는 "너희 눈을 들어 밭을 보라 희어져 추수하게 되었도다"(요 4:35)하신 열심히 추수를 하는 일입니다. 이것이 "유월절·무교절·초실절의 구속사적 의미"입니다.

주 십자가를 지심으로 죄인을 구속하셨으니

그 피를 보고 믿는 자는 주님의 진노 면하겠네

내가 그 피를 유월절 그 양의

피를 볼 때에 내가 널 넘어서 가리라. (265장)

레위기 23:9-22 분석도표

주제 : 초실절과 오순절의 구속사적 의미

초실절

9-14

9 여호와께서 모세에게 말씀하여 이르시되

10 이스라엘 자손에게 말하여 이르라 너희는 내가 너희에게 주는 땅에 들어가서 **너희의 곡물을 거둘 때에 너희의 곡물의 첫 이삭 한 단을 제사장에게로 가져갈 것이요**

11 제사장은 너희를 위하여 그 단을 여호와 앞에 기쁘게 받으심이 되도록 **흔들되 안식일 이튿날에 흔들 것이며**

12 너희가 그 단을 흔드는 날에 일 년 되고 흠 없는 숫양을 여호와께 번제로 드리고

13 그 소제로는 기름 섞은 고운 가루 십분의 이 에바를 여호와께 드려 화제로 삼아 향기로운 냄새가 되게 하고 전제로는 포도주 사분의 일 힌을 쓸 것이며

14 너희는 너희 하나님께 예물을 가져오는 그 날까지 떡이든지 볶은 곡식이든지 생 이삭이든지 **먹지 말지니** 이는 너희가 거주하는 각처에서 대대로 지킬 영원한 규례니라

오순절과 떡 두 개

15-22

15 **안식일 이튿날 곧 너희가 요제로 곡식단을 가져온 날부터 세어서 일곱 안식일의 수효를 채우고**

16 **일곱 안식일 이튿날까지 합하여 오십 일을 계수하여 새 소제를 여호와께 드리되**

17 너희의 처소에서 십분의 이 에바로 만든 **떡 두 개를 가져다가 흔들지니 이는 고운 가루에 누룩을 넣어서 구운 것이요** 이는 첫 요제로 여호와께 드리는 것이며

18 너희는 또 이 떡과 함께 일 년 된 흠 없는 어린 양 일곱 마리와 어린 수소 한 마리와 숫양 두 마리를 드리되 이것들을 그 소제와 그 **전제제물과 함께** 여호와께 드려서 **번제로 삼을지니** 이는 화제라 여호와께 향기로운 냄새며

19 또 숫염소 하나로 **속죄제를 드리며** 일 년 된 어린 숫양 두 마리를 **화목제물로 드릴 것이요**

20 제사장은 그 **첫 이삭의 떡과 함께** 그 두 마리 어린 양을 여호와 앞에 흔들어서 요제를 삼을 것이요 이것들은 여호와께 드리는 성물이니 제사장에게 돌릴 것이며

21 이 날에 너희는 너희 중에 성회를 공포하고 **어떤 노동도 하지 말지니** 이는 너희가 그 거주하는 각처에서 대대로 지킬 영원한 규례니라

22 너희 땅의 곡물을 벨 때에 **밭모퉁이까지 다 베지 말며 떨어진 것을 줍지 말고 그것을 가난한 자와 거류민을 위하여 남겨두라 나는 너희의 하나님 여호와이니라**

초실절과 오순절의 구속사적 의미

설교 작성노트

본문은 일곱 가지 절기 중 초실절과 오순절에 대한 규례다. "초실절"은 유월절과 오순절 두 절기와 관련이 되어 있다. 왜냐하면 초실절 즉 주님의 부활 후 50일 되는 날이 오순절이기 때문이다. 그리고 오순절에는 "새 소제를 드리되 누룩을 넣어서 구운 떡 두 개"를 드리라 하신다. 이에 대한 구속사적인 의미가 무엇인가? 이를 증언하려는 것이 내용목적이다.

그리고 "누룩 섞인 떡 두 개"와 함께 "번제·속죄제·화목제"를 드리라 하시는데 그 의미에 적용목적이 있다 하겠다.

강론

본문은 일곱 가지 절기 중 "초실절과 오순절"에 대한 규례입니다. "초실절"에 대해서는 이미 유월절과 결부해서 말씀을 드린 바가 있습니다. 주님은 유월절 어린 양으로 죽으셨다가 부활하심으로 "첫 열매"가 되실 것을 "초실절"은 예표하고 있는 것입니다.

그런데 "초실절"은 오순절하고도 결부가 된다는 점입니다. 왜냐하면 주님께서 부활하신지 50일 되는 날이 오순절이요, 오순절(五旬節)에 성령께서 강림하심으로 "오순절"의 예표가 성취되었기 때문입니다. 주님은 잡히시던 날 밤에 제자들에게, "내가 너희에게 실상을 말하노니 내가 떠나가는 것이 너희에게 유익이라 내가 떠나가지 아니하면 보혜사가 너희에게로 오시지 아니할 것이요 가면 내가 그를 너희에게로 보내리라"(요 16:7)고 말씀하셨습니다.

그리고 주님께서 부활하신지 50일 만에 성령은 강림하셨던 것입니다. 이처럼 "초실절"은 유월절과 오순절 양쪽 절기와 불가분의 관계인 것입니다. 이점을 분명히 깨닫게 되시기를 바랍니다.

① 먼저 "초실절"(출 34:22)에 대해서 간단하게나마 상기를 시켜야 하

겠습니다. "너희는 내가 너희에게 주는 땅에 들어가서 너희의 곡물을 거둘 때에 너희의 곡물의 첫 이삭 한 단을 제사장에게로 가져갈 것이요"(10) 하십니다. 이것이 "초실절"(初實節)이요, 추수감사절의 유래가 된 근거입니다.

㉠ 그런데 하나님의 말씀에는 교훈적인 의미와 신학적인 의미, 즉 구속사적인 의미가 있다는 점을 인식해야만 합니다. 교훈적인 의미는 약속의 땅 가나안에 들어가서 "첫 이삭"을 수확하게 되자, 우선적으로 하나님 앞에 요제로 드렸다는 것은 우리가 본받아야 할 하나님 중심의 신앙인 것입니다.

㉡ 그런데 여기에는 보다 더 중요한 구속사적인 의미가 있다는 점입니다. 이점을 밝히 드러난 신약성경이 빛을 비춰주고 있는데 사도 바울은 부활장에서, "그러나 이제 그리스도께서 죽은 자 가운데서 다시 살아나사 잠자는 자들의 첫 열매가 되셨도다"(고전 15:20)고 증언합니다. 주님의 부활을 "첫 열매"라 한 것은 본문을 염두에 두었기 때문일 것입니다. 그러니까 주님께서 부활하셔서 "첫 열매"가 되심으로 우리에게도, "사망이 한 사람으로 말미암았으니 죽은 자의 부활도 한 사람으로 말미암는도다"(고전 15:21)한, 부활의 소망이 열리게 된 것입니다.

② 그런데 하나님께서는 첫 이삭을 "안식일 이튿날에 흔들 것이며"(11하)라고 지정해 주셨다는 점입니다. 첫 이삭을 가져가면 바로 흔들

어 드리라 하시는 것이 아니라, "안식일 이튿날에 흔들라"하시는 것이 무의미한 말씀이란 말인가? 아닙니다. 우리 주님은 "안식일이 다 지나고 안식 후 첫날이 되려는 새벽에"(마 28:1), 즉 "안식일 이튿날"에 부활하심으로 첫 열매가 되신 것입니다.

㉠ 그러므로 "여호와 앞에 기쁘게 받으심이 되도록 흔들되 안식일 이튿날에 흔들 것이며"(11)라고 "흔들라"하신 것은 환희(歡喜)를 나타내는 동작인 것입니다. 애굽 바로의 노예였던 자들이 약속의 땅에 들어가서 첫 수확을 해서 하나님 앞에 흔들어 드렸다는 것은 감사요 기쁨이었던 것입니다.

㉡ 그러나 그 무엇에도 비할 수 없는 기쁨은, "그들이 너무 기쁘므로 아직도 믿지 못하고 놀랍게 여겼다"(눅 24:41)한 주님의 부활이었던 것입니다. "사셨네 사셨네 예수 다시 사셨네", 이처럼 기뻐서 목이 터져라 외치는 것이 "흔들 것이라"한 요제인 것입니다. 이렇게 해서 "첫 열매", 즉 초실절의 예표도 실체로 성취가 되었던 것입니다.

③ "첫 이삭"이 주님의 부활에 대한 예표임이 이어지는 말씀에 더욱 분명하게 나타납니다. "안식일 이튿날 곧 너희가 요제로 곡식단을 가져온 날부터 세어서 일곱 안식일의 수효를 채우고 일곱 안식일 이튿날까지 합하여 오십 일을 계수하여"(15-16상)라고 말씀하십니다. 이를 무의미한 것으로 여기지 마시고 음미해 보시기 바랍니다.

㉠ "너희가 요제로 단(첫 이삭)을 가져온 날부터",

㉡ "세어서 일곱 안식일의 수효를 채우고", 즉 7×7=49를 채우라는 것입니다.

㉢ "일곱 안식일 이튿날까지 합하여 오십일을 계수하라"(16상), 즉 7×7+1=50일을 계수하라 하십니다. 열이 다섯 번이라 하여 오순절(五旬節)이라 합니다. 성령께서는 정확하게 주님이 부활하셔서 첫 열매가 되신 날부터 세어서 50일되는 날에 강림하심으로 이 예표가 성취가 되었던 것입니다.

㉣ 이점을 신약성경은 "오순절 날이 이미 이르매 그들이 다 같이 한 곳에 모였더니 홀연히 하늘로부터 급하고 강한 바람 같은 소리가 있어 그들이 앉은 온 집에 가득하며"(행 2:1-2)라고 증언하고 있습니다.

주님은 오순절에 성령께서 강림하실 것이라고 말씀하지 않고, "예루살렘을 떠나지 말고 내게서 들은 바 아버지께서 약속하신 것을 기다리라"(행 1:4)고만 말씀하셨는데 제자들은 오순절에 강림하시리라는 점을 기대하고 있었다는 것이 됩니다. 이점이 "오순절 날이 이미 이르매 그들이 다 같이 한 곳에 모였더니"라는 말씀에 나타납니다.

④ 오순절, 즉 성령께서 강림하시게 되면, "새 소제를 여호와께 드리라"(16하) 하십니다. 어찌하여 "새 소제"라 하시는가? 이는 오순절에 성령께서 강림하심으로 탄생하게 될 "신약교회"에 대한 예표이기에 "새

소제"라 하는 것입니다. 더욱 놀라운 말씀을 보십시오.

㉠ "너희의 처소에서 십분의 이 에바로 만든 떡 두 개를 가져다가 흔들지니"(17상)하십니다. 구약시대는 열두 지파를 상징하는 "떡 열두 개"(24:5)를 진설했는데 어찌하여 "떡 두 개"를 드리라 하시는가? "떡 두 개"는, "그는 우리의 화평이신지라 둘로 하나를 만드사 원수 된 것 곧 중간에 막힌 담을 자기 육체로 허시고 법조문으로 된 계명의 율법을 폐하셨으니 이는 이 둘로 자기 안에서 한 새 사람을 지어 화평하게 하시고"(엡 2:14-15)한, 유대인과 이방인에 대한 모형이었던 것입니다.

㉡ 사도 바울은, "우리 둘(유대인과 이방인)이 한 성령 안에서 아버지께 나아감을 얻게 하려 하심이라"(엡 2:18)고 증언하고 있는데, "떡 두 개"를 하나님께 드리라 하신 예표가 이처럼 놀랍도록 역사적으로 성취가 되었던 것입니다. 이는 "떡 열둘"(24:5)을 두 줄로 진설하던 것과는 대조되는 전연 다른 "새 소제"인 것입니다.

⑤ 그런데 참으로 이상한 것은, "이는 고운 가루에 누룩을 넣어서 구운 것이요"(17하)라고 "누룩을 넣어서 구운 떡"이라고 말씀한다는 점입니다. 6절에서는 "무교병을 먹을 것이요"하시지 않았던가? 그렇습니다. "누룩"은 죄를 상징하는데 지상의 교회란 누룩이 섞여 있는 상태로 온전하지 못함을 나타내는 것이라 하겠습니다.

㉠ 그럼에도 불구하고 하나님께 드려질 수 있고 받으시게 되는 것

은, "너희는 또 이 (누룩을 넣어서 구운)떡과 함께 일 년 된 흠 없는 어린 양 일곱 마리와 또 숫염소 하나로 속죄제를 드리며"(18-19)한, "속죄제"와 함께 드려지기 때문이라는 점을 놓치지 말아야만 합니다.

ⓒ 이 자상함을 보십시오. "초실절"과 함께 드리는 제사에는 "번제 와 소제"(12-13)만 있을 뿐 "속죄제"가 없었습니다. 왜냐하면 "첫 이삭" 은 죄 없으신 그리스도를 예표하기 때문입니다. 그러나 18-19절을 보 시기 바랍니다. "누룩을 넣은 떡"과 함께 드려지는 제사에는 "번제·속 죄제·화목제" 등이 함께 드려지고 있는 것입니다.

그렇습니다. "누룩이 섞인 떡"만은 받으실 수가 없지만 "흠 없는" 제 물로 드리는 "속죄제·화목제" 등과 함께 드려짐으로, 즉 오직 그리스도 의 공로를 의지하고 드려지기 때문에 열납이 된다는 것입니다.

⑥ 그리고 하신 말씀이, "너희 땅의 곡물을 벨 때에 밭 모퉁이까지 다 베지 말며 떨어진 것을 줍지 말고 그것을 가난한 자와 거류민을 위 하여 남겨두라"(22) 하십니다. 가난한 자, 나그네를 생각하시는 참으로 긍휼이 풍성하신 하나님이십니다. 그런데 형제는 이 말씀을 대하면서 어떤 장면이 연상되지 않습니까?

ⓐ 예수 그리스도를 예표하는 인물 보아스가 이방 여인 룻에게, "내 딸아 들으라 이삭을 주우러 다른 밭으로 가지 말며 여기서 떠나지 말 고 나의 소녀들과 함께 있으라"하면서 자기 소년들에게 명하기를, "그

에게 곡식 단 사이에서 줍게 하고 책망하지 말며 또 그를 위하여 곡식 다발에서 조금씩 뽑아 버려서 그에게 줍게 하고 꾸짖지 말라"(룻 2:8, 15-16)한 장면입니다.

ⓛ 또 있습니다. 주님에게, "주여 옳소이다마는 개들도 제 주인의 상에서 떨어지는 부스러기를 먹나이다"(마 15:27)한 가나안 여인의 고백입니다. 유월절로 상징된 그리스도의 구속과 오순절로 상징된 성령 강림이 성취되는 날에는 "이방인들"도 구원에 참여하게 될 것을 나타내는 것이라 하겠습니다. 이것이 "초실절과 오순절의 구속사적 의미" 입니다.

강물같이 흐르는 기쁨 성령 강림함이라

정결한 맘 영원하도록 주의 거처 되겠네

주님 주시는 참된 평화가 내 맘 속에 넘치네

주의 말씀에 거센 풍랑도 잠잠하게 되도다. (182장)

레위기 23:23-32 분석도표

주제 : 나팔절과 속죄일의 구속사적 의미

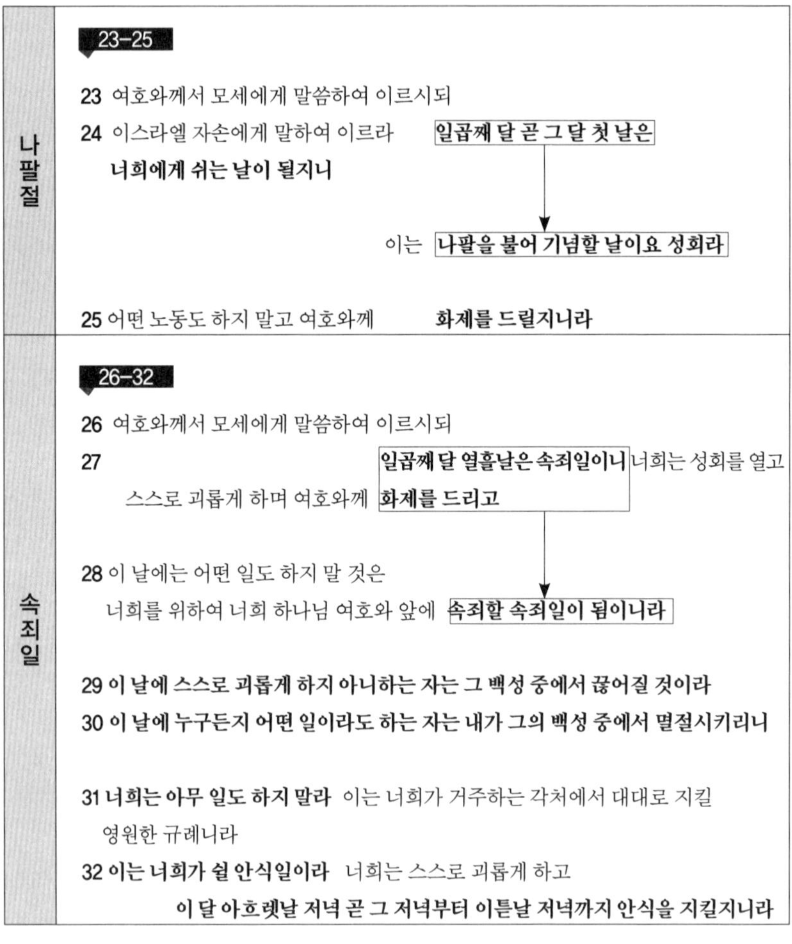

나팔절과 속죄일의 구속사적 의미

설교 작성노트

일곱 가지 절기 중 남은 것은 "나팔절·속죄일·초막절"이다. 그런데 이 세 절기가 모두 "일곱째 달"에 들어 있고 "나팔절"로 시작이 되고 있다는 점이다. "나팔"이란 고대에 있어서는 절기와 같은 기쁜 소식이나 전쟁과 같은 위급한 상황을 알리는 신호였다. 그러면 "나팔절·속죄일·초막절"이 어떤 관련이 있는가? 우선 본 설교에서는 "나팔절과 속죄일"에 대해 증언하려는 것이 내용목적이다.

그러면 "나팔절과 속죄일"이 우리에게는 어떤 의미가 있는가? "속죄일", 즉 온 세상에 미칠 큰 기쁨의 좋은 소식을 "나팔"을 불듯이 외쳐야 한다는데 적용목적이 있다 하겠다.

이스라엘 백성들에게는 7월은 아주 특별한 달이었습니다. 왜냐하면 7월 한 달 안에는, "나팔절·속죄일·초막절", 이렇게 세 절기가 들어 있기 때문입니다. 우선적으로 "나팔절과 속죄일"의 의미와 관련성을 말씀드리고, 다음 시간에 "나팔절과 초막절"의 의미와 관련성을 말씀드리도록 하겠습니다.

① "여호와께서 모세에게 말씀하여 이르시되 이스라엘 자손에게 말하여 이르라 일곱째 달 곧 그 달 첫 날은 너희에게 쉬는 날이 될지니 이는 나팔을 불어 기념할 날이요 성회라"(23-24)하십니다. 7월 1일이 민간 역으로는 정월 초하루니까, "나팔절"은 우리의 설날과 같은 명절인 셈입니다.

㉠ 이처럼 세 절기가, "나팔절"로 시작이 되고 있는데, "나팔"은 고대에 있어서는 절기와 같은 기쁜 소식이나 전쟁과 같은 위급한 상황을 알리는 신호로 사용이 되었습니다. 이점을 민수기에서는, "또 너희 땅에서 너희가 자기를 압박하는 대적을 치러 나갈 때에는 나팔을 크게 불지니 그리하면 너희 하나님 여호와가 너희를 기억하고 너희를 너희의 대적에게서 구원하시리라"하십니다.

㉡ "또 너희의 희락의 날과 너희가 정한 절기와 초하루에는 번제물

을 드리고 화목제물을 드리며 나팔을 불라 그로 말미암아 너희의 하나
님이 너희를 기억하시리라 나는 너희의 하나님 여호와니라”(민 10:9-10)
하십니다.

ⓒ 그러면 “나팔절·속죄일·초막절”이 어떤 관련이 있는가를 살펴보
아야만 마땅합니다. 왜냐하면 하나님께서 세 절기를 7월 한 달 안에 7
월 1일, 10일, 15일, 이처럼 나란히 배열을 해주셨기 때문입니다. 그러
므로 세 절기의 연관성을 알아야만 본문을 통해서 우리에게 계시하시
고자 하는 하나님의 의도를 깨달을 수가 있는 것입니다.

② “나팔을 불라” 하신 후에 “여호와께서 모세에게 말씀하여 이르시
되”(26)하고 새로운 주제로 넘어가는데, “일곱째 달 열흘날은 속죄일
(贖罪日)이니”(27)하고 1년에 한 번 맞이하게 되는 “대 속죄일”을 말씀하
십니다. “속죄일”에 관해서는 이미 16장에서 자세히 말씀하셨는데 16
장에서는 하나님께서 행해주실 일에 초점을 맞추고 있고, 본문에서는
백성들이 행해야 할 일들을 말씀하십니다. 속죄일에 하나님께서 행해
주신 두 가지만을 상기시키고자 합니다.

㉠ 첫째는, “또 백성을 위한 속죄제 염소를 잡아 그 피를 가지고 휘
장 안에 들어가서 속죄소 위와 속죄소 앞에 뿌릴지니”(16:15)하신 말씀
입니다. 이는 하나님께서 우리를 보실 때에 속죄소에 뿌려진 대속의
피를 통해서 보아주시겠다는 점을 나타냅니다.

ⓛ 둘째는, "아론은 그의 두 손으로 살아 있는 염소의 머리에 안수하여 이스라엘 자손의 모든 불의와 그 범한 모든 죄를 아뢰고 그 죄를 염소의 머리에 두어 미리 정한 사람에게 맡겨 광야로 보낼지니"(21)하신 말씀입니다. 이는 "동이 서에서 먼 것같이 우리 죄과를 멀리 옮기실 것"을 나타냅니다. 이처럼 "속죄일"의 예표를 통해서 하나님은 자기 아들 예수 그리스도를 통해서 이루어주실 복음을 계시하여주셨던 것입니다.

③ 이점에서 주목해야 할 점은, "나팔절과 속죄일"이 불과 열흘 간격이라는 점입니다. "열흘"은 준비기간이라 할 수가 있는데 그러므로 "속죄일" 앞에 "나팔을 불라"하심은 "대 속죄일"이 다가오고 있으니 맞이할 준비를 하라는 예비신호인 셈입니다.

㉠ 그런가 하면 25:9절에서, "일곱째 달 열흘날은 속죄일이니 너는 뿔 나팔 소리를 내되 전국에서 뿔 나팔을 크게 불지며"한, 속죄일에 "크게 부는 나팔"은 "속죄일"이 이미 임했다는 점을 공포하는 나팔이라 할 것입니다.

ⓛ 이점을 이사야 선지자는, "크게 외치라 목소리를 아끼지 말라 네 목소리를 나팔같이 날려 내 백성에게 그들의 허물을 야곱의 집에 그들의 죄를 알리라"(사 58:1)고 외쳤던 것입니다.

④ "나팔"이라는 주제를 구속사라는 맥락으로 보면 우리에게는 어떤 의미가 있는가? 주님께서, "때가 찼고 하나님의 나라가 가까이 왔으니 회개하고 복음을 믿으라"(막 1:15)하심과 같은 "복음의 나팔"이라 할 수가 있습니다. 사도 바울은, "나를 위하여 구할 것은 내게 말씀을 주사 나로 입을 열어 복음의 비밀을 담대히 알리게 하옵소서 할 것이니"(엡 6:19), 즉 복음의 나팔을 크게 불게 해달라고 기도해주기를 부탁을 했습니다.

㉠ 계시록에는 "일곱 인, 일곱 나팔, 일곱 대접"이 등장합니다. "일곱 인으로 인봉"(印封)을 했다는 것은 비밀을 나타내는데 복음은 감추어졌던 비밀이라고 말씀합니다. 이처럼 "이 비밀은 만세와 만대로부터 감추어졌던 것인데 이제는 그의 성도들에게 나타났고"(골 1:26)합니다. 인봉을 뗀 셈입니다. 그렇다면 다음 순서는 무엇이겠습니까? 그렇습니다. 복음의 일곱 나팔을 크게 불어야 할 때인 것입니다.

㉡ 그런데 언제까지 복음의 나팔만을 부는 것은 아닙니다. "대접을 쏟으라"(계 16:17)하시는 일곱 대접을 쏟는 진노의 날이 임하게 되는 것입니다. 그리하여 또 다른 나팔소리를 듣게 될 날이 오게 되는데, "주께서 호령과 천사장의 소리와 하나님의 나팔 소리로 친히 하늘로부터 강림하시리니"(살전 4:16)한, 주님의 재림의 나팔소리입니다.

그런데 중요한 점은, "만일 나팔이 분명하지 못한 소리를 내면 누가 전투를 준비하리요"(고전 14:8)한, 분명한 복음·심판에 대한 분명한 경고를 외쳐야 한다는 것이 우리의 책임인 것입니다.

⑤ 그러면 "대 속죄일"에 우리가 행해야 할 일은 무엇인가를 28-32절을 통해서 관찰해보시기를 바랍니다. 무엇이라고 말씀하십니까?

㉠ 28절, "이 날에는 어떤 일도 하지 말 것은"하십니다.

㉡ 29절, "이 날에 스스로 괴롭게 하지 아니하는 자는 그 백성 중에서 끊어질 것이라",

㉢ 30절, "이 날에 누구든지 어떤 일이라도 하는 자는 내가 그의 백성 중에서 멸절시키리니",

㉣ 31절, "너희는 아무 일도 하지 말라 이는 너희가 거주하는 각처에서 대대로 지킬 영원한 규례니라",

㉤ 32절, "이는 너희가 쉴 안식일이라 너희는 스스로 괴롭게 하고 이 달 아흐렛날 저녁 곧 그 저녁부터 이튿날 저녁까지 안식을 지킬지니라"하십니다.

우리가 행해야 할 일이 무엇입니까? "아무 일도 하지 말라, 괴롭게 하라, 안식하라"는 세 마디로 요약이 됩니다.

⑥ 아무 일도 하지 말라고만 말씀하는 것이 아니라, 만일 어떤 일이라도 하면 "멸절시키리니"하십니다. 무슨 일인가를 하는 것을 이처럼 엄하게 경계하시는 의도가 무엇인가?

㉠ 주님께서 "다 이루어주신" 것이 복음이기 때문입니다. 주님께서 다 이루신 것에 무엇인가 첨부하려는 일을 시도한다면 다른 복음이 되기 때문입니다. 그래서 일은 하지 말고 "괴롭게 하라"하시는 것입니다. 즉 주께서 당하신 고난을 잊지 말라는 뜻입니다.

㉡ 그러면 "안식하라" 하시는 의미는 무엇인가? 자유하게 하는 복음을 누리라는 뜻이 되는 것입니다. 주님은, "진리를 알지니 진리가 너희를 자유롭게 하리라"(요 8:32)하십니다. 이점이 "이 달 아흐렛날 저녁 곧 그 저녁부터 이튿날 저녁까지 안식을 지킬지니라"(32하) 하신 말씀에 분명하게 나타납니다.

⑦ "이 달 9일 저녁부터 이튿날 저녁"(32)까지라면 이날이 대 속죄일인 10일인데, 이 날에 무슨 일이 행하여지는가?

㉠ 한 마리 속죄제물은 죽어서 그 피가 속죄소 위에 뿌려지고,

㉡ 다른 한 마리 속죄제물은 "모든 불의와 모든 죄를 짊어지고"(16:21-22) 무인지경으로 보냄을 받는 날인 것입니다. 다시 말하면 주님께서 단독적으로, 단 번에 이루실 "속죄일" 기간인 것입니다. 그런데 우리에게는 "이는 너희가 쉴 안식일이라"(32상) 하십니다.

우리는 죄 짐이 벗어져 "안식"하는 날이지만 제물은 우리 죄를 위하여 "죽임을 당하는 날"이요, 우리의 죄 짐을 짊어지고 무인지경으로 보냄을 받는 날이라는 점을 잊지 말아야만 합니다. 이를 생각하고 믿는

자라면 마땅히 마음이 아플 것입니다. 그래서 "스스로 괴롭게 하라" 하시는 것입니다.

ⓒ 그러므로 "일을 하지 말라"는 경계는 "속죄일"과 결부해서만 하신 말씀이 아닙니다. 유월절과 결부해서도, "아무 노동도 하지 말지며"(7)하시고 오순절과 결부해서도 "어떤 노동도 하지 말지니"(21)하십니다. 왜냐하면 "유월절·속죄일·오순절" 등은 다 하나님께서 자기 아들을 통해서 행해주실 일이기 때문입니다. 그래서 유대인들이 주님께 "우리가 어떻게 하여야 하나님의 일을 하오리이까"라고 묻자 주님은, "하나님께서 보내신 이를 믿는 것이 하나님의 일이니라"(요 6:28-29)고 대답하셨던 것입니다.

다윗은 "여호와의 율법은 완전하여 영혼을 소성시키며 여호와의 증거는 확실하여 우둔한 자를 지혜롭게 하며 여호와의 교훈은 정직하여 마음을 기쁘게 하고 여호와의 계명은 순결하여 눈을 밝게 하시도다"(시 19:7-8)라고 찬양을 합니다. 여기서 "율법·증거·교훈·계명"은 모두가 하나님의 말씀을 가리킵니다. 참으로 하나님의 말씀은 충족(充足)된 계시입니다.

다시 상기시킵니다만 "십계명"의 돌비가 율법이라면 성막의 식양은 임마누엘의 모형이요, 성막에서 행해지는 제사제도는 그리스도께서 대속제물이 되실 것의 그림자입니다. 율법은 시내산에서 주어졌으나 레위기는 "여호와께서 회막에서 모세를 부르시고 그에게 말씀하여 이르시되"(1:1) 하고 성막에서 주어진 말씀입니다. 그러므로 레위기에는 복음이 "모형과 그림자"를 통해서 계시되어 있습니다.

이를 바로 증언하기만 한다면 "영혼을 소성케 하고, 우둔한 자로 지혜롭게 하며, 마음을 기쁘게 하고, 눈을 밝게"(시 19:7-8) 해주는 말씀들이 되는 것입니다. 이것이 "아무 일도 하지 않고 안식할 속죄일"이요, 이것이 "나팔절과 속죄일의 구속사적 의미"입니다.

나 같은 죄인 살리신 주 은혜 놀라와

잃었던 생명 찾았고 광명을 얻었네

이제껏 내가 산 것도 주님의 은혜라

또 나를 장차 본향에 인도해주시리. (305장)

레위기 23:23-25, 33-38 분석도표

주제 : 나팔절과 초막절의 구속사적인 의미

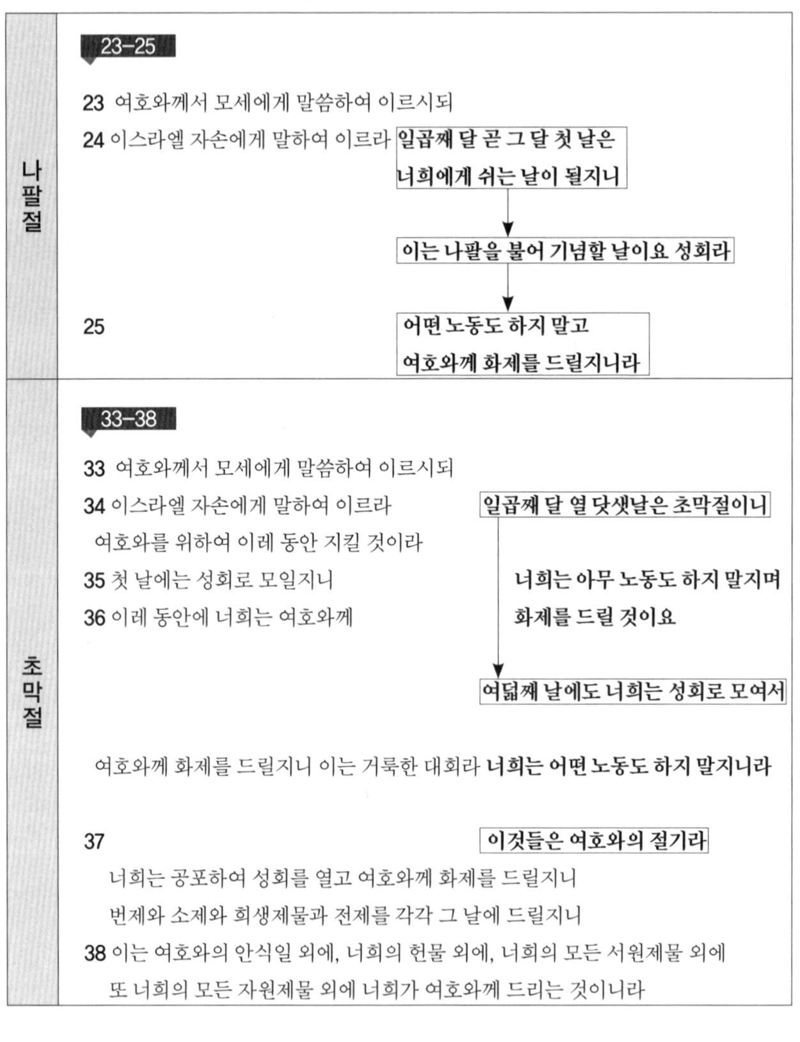

나팔절과 초막절의 구속사적인 의미

설교 작성노트

본 설교의 중심점은 "초막절"에 있다. 그런데 나팔절과 속죄일이 결부되어 있는 것과 같이, "나팔절과 초막절"도 불가분의 관계인 것이다. 왜냐하면 "초막절"은 주님의 재림으로 성취될 하나 남은 예표인데 이 시대의 파수꾼들은 최후심판이 다가오고 있다는 점을 나팔을 부는 것 같이 외쳐야 하기 때문이다. 이를 증언하려는 것이 내용목적이요, 출애굽 당시 광야생활을 하면서 초막에 거함과 같이, 우리는 지금 초막에 거하면서 본향을 찾아가는 나그네요 외국인들로 초막절의 정신으로 살아가야한다는데 적용목적이 있다 하겠다.

강론

오늘 말씀의 중심점은 일곱 절기 중 마지막 절기인 "초막절"입니다.

① 그런데 나팔절과 속제일이 결부되어 있는 것과 같이, "나팔절과 초막절"도 불가분의 관계로 함께 다루어야 하는 것입니다. 왜냐하면 하나님께서 세 절기를 7월 한 달 안에 "1일, 10일, 15일" 이렇게 짝을 지어 놓으신 것을 사람이 나눌 수가 없기 때문입니다.

㉠ "나팔"은 고대에 있어서는 절기가 다가온다는 기쁜 소식이나 대적이 침략해 온다는 위급한 상황을 알리는 신호로 사용이 되었습니다. 이점을 민수기에서는, "또 너희 땅에서 너희가 자기를 압박하는 대적을 치러 나갈 때에는 나팔을 크게 불지니 그리하면 너희 하나님 여호와가 너희를 기억하고 너희를 너희의 대적에게서 구원하시리라"(민 10:9)하십니다.

㉡ "또 너희의 희락의 날과 너희가 정한 절기와 초하루에는 번제물을 드리고 화목제물을 드리며 나팔을 불라 그로 말미암아 너희의 하나님이 너희를 기억하시리라 나는 너희의 하나님 여호와니라"(민 10:10)하십니다. 그러므로 "나팔절과 초막절"을 결부시켜 증언을 해야만 말씀하시려는 하나님의 의도를 바르게 깨달을 수가 있게 됩니다. 그러면 "초막절"의 구속사적인 의미가 무엇이며, 증인들이 불어야 할 나팔

의 내용이 무엇인가?

② "여호와께서 모세에게 말씀하여 이르시되"(33)하고 새로운 절기로 넘어가면서, "이스라엘 자손에게 말하여 이르라 일곱째 달 열 닷샛날은 초막절이니 여호와를 위하여 이레 동안 지킬 것이라"(34)고 "초막절"의 규례를 말씀하십니다.

㉠ "첫 날에는 성회로 모일지니 너희는 아무 노동도 하지 말지며 이레 동안에 너희는 여호와께 화제를 드릴 것이요"하신 후에, "여덟째 날에도 너희는 성회로 모여서 여호와께 화제를 드릴지니 이는 거룩한 대회라 너희는 어떤 노동도 하지 말지니라"(35-36)하십니다.

㉡ "초막절" 규례에는 다른 절기와 차이점이 나타나는데, "이레 동안에 너희는 여호와께 화제를 드릴 것이요"하신 후에, "여덟째 날에도 성회(聖會)로 모이라"는 말씀이 다른 것입니다. 39절에서도, "너희가 토지 소산 거두기를 마치거든 일곱째 달 열 닷샛날부터 이레 동안 여호와의 절기를 지키되 첫 날에도 안식하고 〈여덟째 날〉에도 안식할 것이요"하고 "8일"에도 안식하라 하십니다.

③ 다른 절기들은 7일 동안입니다. 그런데 초막절은, "8일에도 성회"라 하시는 의도가 무엇인가? 이에 대한 해설이 복음서에 있습니다. 주님은, "명절 끝날 곧 큰 날에 예수께서 서서 외쳐 이르시되 누구든지

목마르거든 내게로 와서 마시라"(요 7:37)고 외치십니다.

여기서 말하는 명절은 초막절(요 7:2)인데 여기에는 교훈적인 의미와 신학적인 의미가 있습니다. "초막절"의 교훈적인 의미는, "이는 내가 이스라엘 자손을 애굽 땅에서 인도하여 내던 때에 초막에 거주하게 한 줄을 너희 대대로 알게 함이니라"(43)하신 광야 생활한 것을 잊지 않게 하시려는 것입니다.

㉠ 그런데 "유월절·오순절"이 그러하듯이 "초막절"에도 보다 중요한 구속사적인 의미가 있다는 점을 인식해야만 합니다. 그래서 "명절 끝날", 즉 8일을 "큰 날"이라고 말씀하는 것입니다. "큰 날"을 중문에서는 "최대지일"(最大之日)이라고 번역하고 있는데 왜냐하면 "초막절"의 마지막 여덟째 날은 주님의 재림으로 성취될 하나 남은 예표이기 때문입니다. 그러므로 이 시대의 파수꾼들은 최후심판이 다가오고 있다는 점을 나팔을 부는 심정으로 외쳐야 하는 것입니다.

㉡ 이 날은 주님께서, "이 날은 온 지구상에 거하는 모든 사람에게 임하리라"(눅 21:35)하신 주님의 재림의 날이요, 인류의 최후심판의 날이기 때문에 "최대지일"(最大之日)인 것입니다. 이 날에 광야와 같은 세상에서 나그네 생활을 하던 성도들은 비로소 약속의 땅인 영적 가나안에 입성하게 되는 날인 것입니다.

㉢ 스가랴는 이사야 다음으로 메시아예언을 많이 한 선지자인데 그는 14장에서 마지막으로, "나의 하나님 여호와께서 임하실 것이요 모든

거룩한 자들이 주와 함께 하리라"(슥 14:5)고 주님의 재림을 예언하면서 "그 왕 만군의 여호와께 경배하며 초막절을 지킬 것이라"고 "초막절"(슥 14:16, 18, 19)로 마치고 있는데 이는 아주 적절한 결말인 것입니다.

그런데 초막절을 지키러 올라오는 자와 올라오지 않을 두 부류로 갈라지게 될 것을 말씀하면서, "초막절을 지키러 올라오지 아니하는 자가 받을 벌이 그러 하니라"(슥 14:19)고 무서운 경고를 합니다. 이는 주님의 재림의 날에 불신자들이 받을 심판을 가리킵니다.

④ "이것들은 여호와의 절기라 너희는 공포하여 성회를 열고 여호와께 화제를 드릴지니 번제와 소제와 희생제물과 전제를 각각 그 날에 드릴지니 이는 여호와의 안식일 외에, 너희의 헌물 외에, 너희의 모든 서원제물 외에 또 너희의 모든 자원제물 외에 너희가 여호와께 드리는 것이니라"(37-38) 합니다.

㉠ 이점에서 주목할 점은 본문은 "여호와의 절기"라 말씀하는데, 복음서에서는 "유대인의 명절인 초막절이 가까운지라"(요 7:2)고 "유대인의 명절"이라고 말씀한다는 점입니다. 왜 그렇게 말씀하는가? 그 이유가 무엇인지 아십니까? "유월절·오순절·초막절" 등의 신령한 의미는 망각한 채 의문(儀文)으로 지키고 있기 때문에 그것은 유대인의 명절은 될지언정 "여호와의 절기"는 아니었기 때문입니다.

㉡ 하나님께서는, "내 마음이 너희의 월삭과 정한 절기를 싫어하나

니 그것이 내게 무거운 짐이라 내가 지기에 곤비하였느니라"(사 1:14) 하십니다. 그러면 현대교회는 "성탄절·고난주일·부활절" 등의 절기를 "예수 그리스도의 절기"로 지키고 있는가? 아니면 인간의 절기로 지키고 있는 것은 아닌가라고 자문하게 됩니다.

⑤ 그러면 어떻게 하는 것이 "여호와의 절기"로 지키는 것인가? 각 절기에는 공통점이 있는데,

㉠ 첫째는, "화제"(8, 13, 18, 25, 27, 36, 37)를 드리라는 말씀입니다. "화제"는 제물을 불살라 드리는 것으로 그리스도께서 당하실 고난을 상징합니다.

㉡ 둘째는, "아무 노동도 하지 말라"(3, 7, 8, 21, 25, 28, 30, 31, 35, 36)는 말씀입니다. "유월절·오순절·초막절"에 사람이 보태야 할 것은 아무것도 없다는 뜻입니다. 오직 혼자 담당하는 분이 계시니 그 분은 "화제"로 드려지는 하나님의 아들 그리스도이십니다.

㉢ 셋째로, 도달하게 되는 결론은 "안식일도 안식일이요(3), 나팔절도 안식일이요(24), 대 속죄일도 안식일이요(32), 초막절도 안식일"(39)이라 하신 "안식"(安息)입니다. 궁극적으로 하나님은 우리에게 안식을 회복시켜 주시려는 것입니다. 한 마디로 십자가 복음을 망각하지 않고 보수하면서 지키는 것이 "예수 그리스도의 절기"가 되는 것입니다.

⑥ 이 소망이 있는 자는, "첫 날에는 너희가 아름다운 나무 실과와 종려나무 가지와 무성한 나무 가지와 시내 버들을 취하여 너희의 하나님 여호와 앞에서 이레 동안 즐거워할 것이라"(40)한, "즐거워하라"는 말씀입니다.

㉠ "스스로 괴롭게 하라"(27, 29, 32)는 말씀과 "즐거워하라"는 말씀이 함께 등장합니다. 먼저는 "스스로 괴롭게" 하는 것, 즉 주님의 고난을 생각하며 동참하는 일입니다. 그러나 이것이 신앙생활의 전부는 아닙니다. "스스로 괴롭게"하면서도 재림하실 때에 가져다주실 소망이 있기에 "항상 기뻐하고 범사에 감사"하는 "즐거워하라"하십니다.

㉡ 종합선물 세트라 한 23장은, "모세는 이와 같이 여호와의 절기를 이스라엘 자손에게 공포하였더라"(44)고 마치고 있습니다. 이것이 "유월절로 시작하여 초막절로 마치는 여호와의 절기"입니다.

⑦ 일곱 절기의 구속사적인 의미를 깨닫게 되었습니까? 하나님께서는 이루시려는 구원계획을 일곱 절기를 통해서 계시하셨는데 이 절묘한 상징과 성취를 보십시오.

㉠ "유월절 어린 양", 즉 예수 그리스도께서 우리의 대속제물이 되어 죽으시고,

㉡ 다시 사심으로 "첫 열매"가 되십니다.

㉢ 그로부터 50일이 지나 "오순절", 즉 성령께서 강림하심으로 "새

소제"로 상징된 신약교회는 탄생하게 되고 "떡 두 개를 드리라"한, 유대인과 이방인이 함께 하나님께 드려지게 됩니다.

㉣ 주님께서 "첫 열매"가 되심으로 본격적인 추수(秋收)는 시작이 되는데, "초막절"은 추수를 끝마치고 지키는 절기로 "토지 소산 거두기를 마치는 날"(39), 즉 "제 8일"은 "큰 날"이라 합니다. 왜냐하면 광야생활을 마치고 약속의 땅에 입성하는 날 곧 주님의 재림의 날이기 때문입니다. 하나님께서는 이를 알리는 나팔을 크게 불라 하십니다.

⑧ "일곱 절기" 중 여섯 절기를 성취하여주신 하나님께서 하나 남은 "초막절"도 성취하여주실 것을 확신하고도 남음이 있는 것입니다. 이런 맥락에서 "유월절·속죄일"은 단 하루뿐이라 하신 하나님께서 "무교절, 초막절"은 7일 동안 지키라 하시는 것입니다.

㉠ "7"은 완전수로 교훈적으로는 7일을 지켰으나 구속사적인 의미로는 주님께서 재림하시는 날까지 계속 지켜야 한다는 의미가 되는 것입니다. 그러니까 지상에 있는 "일곱 교회들은, 7일 동안 무교병을 먹으면서, 7일 동안의 초막절" 기간을 나그네 정신으로 살아가야 하는 것입니다. 이처럼 구약교회에게 주어진 제사제도나 절기들은 모두가 그리스도의 구속에 대한 모형이요, 그림자로 주어진 것입니다.

㉡ 그런데 특별히 삼대 절기에 대해서 명하시기를, "너의 가운데 모든 남자는 일 년에 세 번 곧 무교절(유월절)과 칠칠절(오순절)과 초막절

에 네 하나님 여호와께서 택하신 곳에서 여호와께 보이라"(신 16:16, 출 23:14) 하셨습니다. 이는 메시아언약을 망각하지 않고 바라고 기다리게 하기 위해서인 것입니다.

⑨ 주님은 말씀하십니다. "내가 너희를 아버지께 고발할까 생각하지 말라 너희를 고발하는 이가 있으니 곧 너희가 바라는 자 모세니라 모세를 믿었더라면 또 나를 믿었으리니 이는 그가 내게 대하여 기록하였음이라"(요 5:45-46).

㉠ 모세오경의 중심주제는 예수 그리스도요, 핵심은 우리가 살펴본 바 대로 주님께서, "유월절 어린 양, 번제·속죄제·화목제"로 드려주실 십자가의 "죽으심"에 있다는 점을 명심해야만 합니다. 왜냐하면 "피 흘림이 없은즉 사함이 없기" 때문입니다. 그럼에도 불구하고 그리스도께서, "자기 땅에 오매 자기 백성이 영접하지 아니하고"(요 1:11) 배척을 한 그 원인이 어디에 있는가? "지식의 열쇠"(눅 11:52)를 맡은 자들, 즉 설교자들이 성경을 곡해하여 바로 나팔을 불지 못했기 때문입니다.

㉡ 이런 비극적인 악순환이 초막절이 성취되는 재림의 날에 재연되지 않으리라고 누가 보장할 수가 있단 말인가? 그러면 묻습니다. 현대교회가 어떻게 하는 것이 "유월절, 오순절, 초막절, 대 속죄일" 등을 바르게 지키는 것이겠습니까? 그것은 분명합니다. 복음을 보수하는 일입니다. 복음과 함께 고난을 받는 일입니다. 십자가복음을 담대히 전파하

는 일입니다. 이것이 "나팔절과 초막절의 구속사적인 의미"입니다.

하나님의 나팔 소리 천지진동할 때에

예수 영광 중에 구름 타시고

천사들을 세계 만국 모든 곳에 보내어

구원 받은 성도들을 모으리

나팔 불 때 나의 이름 나팔 불 때 나의 이름

나팔 불 때 나의 이름 부를 때에 잔치 참여 하겠네. (180장)

레위기 24:1-9 분석도표

주제 : 빛과 생명의 양식이 되시는 그리스도의 예표

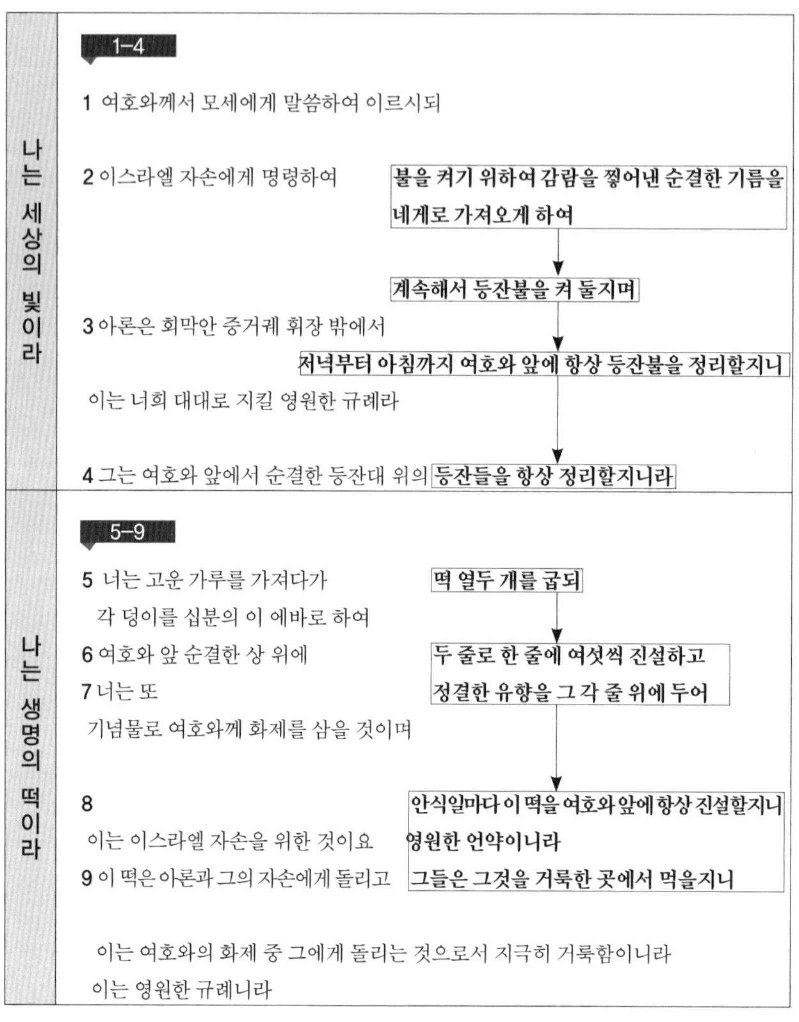

빛과 생명의 양식이 되시는 그리스도의 예표

설교 작성노트

24장의 중심점은 성소에, "계속해서 등잔불을 켜 둘지며"(2) 한 "빛"과 "떡 열두 개를 구어 진설하라"(5)한, "떡"에 관한 규례이다. 이는 "나는 세상의 빛이다, 나는 생명의 양식이다"하신 예수 그리스도를 예표한다. 이를 중언하려는 것이 내용목적이다. 그리고 등잔불이 꺼지지 않도록 "정리할지니"(3)한 것과 진설병을 "거룩한 곳에서 먹으라"한, 두 가지 면에 적용목적이 있다 하겠다.

강론

본문은 두 부분으로 되어 있습니다. 첫째 부분의 중심점은 성소에 "계속해서 등잔불을 켜 둘지며"(2)한 "등잔불"에 있고, 뒷부분의 중심점은 "떡 열두 개를 굽되"(5)한 성소에 진설할 떡에 있습니다. 이는 주님께서, "나는 세상의 빛이니"(요 8:12)하신 것과 "나는 생명의 떡이라"(요 6:35)고 선언하신 예수 그리스도에 대한 모형인 것입니다. 그러므로 성취하여주신 "실체"를 통해서 모형을 해석해야 하고, "모형"을 통해서 실체로 나타내신 복음을 더욱 확고하게 깨달아야만 하는 것입니다.

① "여호와께서 모세에게 말씀하여 이르시되 이스라엘 자손에게 명령하여 불을 켜기 위하여 감람을 찧어낸 순결한 기름을 네게로 가져오게 하여 계속해서 등잔불을 켜 둘지며"(2)하십니다. 성막에는 창이 없습니다. 그래서 계속해서 등잔불을 켜두어야만 합니다.

㉠ 그런데 제사장의 임무가 등잔불을 켜두는 것으로 끝나는 것이 아니라, "저녁부터 아침까지 여호와 앞에 항상 등잔불을 정리할지니 이는 너희 대대로 지킬 영원한 규례라"(3)하십니다. 4절에서도 "등잔들을 항상 정리할 지니라"하십니다.

"등잔불을 정리(整理)하라"는 뜻이 무엇인가? 감람유로 불을 켜게 되면 심지에 불똥이 앉게 되어 불이 점점 작아지다가 꺼질 염려가 있는 것입니다. 그래서 불이 꺼지지 않도록 불똥을 정리하라는 말씀입니다. 그래서 성막의 기구를 만들 때에 "등잔 일곱과 그 불집게와 불 똥 그릇을 순금으로 만들라"(출 37:23)고 명하셨던 것입니다.

㉡ 본문에서는 "계속하여 불을 켜라, 항상 정리하라"(2, 4)고 명하시는데 그렇다면 언제까지 불을 켜고 정리해야만 하는가? "참 빛 곧 세상에 와서 각 사람에게 비추는 빛이 있었나니"(요 1:9)한, "빛"의 실체이신 예수 그리스도께서 오실 때까지입니다. 그러니까 "계속해서 등잔불을 켜고 등불이 꺼지지 않도록 항상 정리하면서", "참 빛"되시는 그리스도가 오시기를 바라고 기다리게 하신 것입니다. 이점을 시편 134편에서는,

보라 밤에 여호와의 성전에 서 있는 여호와의 모든 종들아

여호와를 송축하라

성소를 향하여 너희 손을 들고

여호와를 송축하라

천지를 지으신 여호와께서 시온에서 네게 복을 주실지어다(시 134편) 합니다.

해석을 곁들이면 백성들이 잠을 자는 밤에 "여호와의 종들", 즉 제사장들은 무엇을 위해서 불침번(不寢番)을 서듯이 깨어 있는 것인가? 다

름 아닌 "저녁부터 아침까지 여호와 앞에 항상 등잔불을 정리할지니"
하신 이 임무를 수행하기 위해서인 것입니다. 언제까지인가? "내가 나
의 왕을 내 거룩한 산 시온에 세웠다 하시리로다"(시 2:6)한 그리스도가
오실 때까지입니다. 그래서 "시온에서 네게 복을 주실지어다", 즉 "메
시아를 통한 구원의 복"을 받게 되리라 하는 것입니다.

② "등불"이라는 주제를 구속사의 맥락으로 보게 되면 하나님의 사
랑을 더욱 깊이 깨닫게 됩니다. 솔로몬이 우상을 숭배하는 죄를 범하
자 하나님은, "내가 반드시 이 나라를 네게서 빼앗아 네 신하에게 주리
라"하셨습니다. 그러나 "다 빼앗지 아니하고 내 종 다윗과 내가 택한
예루살렘을 위하여 한 지파를 네 아들에게 주리라"(왕상 11:11, 13)하십
니다.

㉠ 그런데 36절에서는 한 지파를, "항상 내 앞에 등불을 가지고 있게
하리라"고 한 지파를 "등불"이라고 말씀하십니다. 남겨주시겠다는 "한
지파"는 유다 지파요, "한 등불"이라 한 것은 그리스도께서 유다 지파
를 통해서 오시기 때문입니다. 어찌하여 "한 지파, 한 등불"을 남겨주
시겠다 하시는가?

㉡ "내 종 다윗과 내가 택한 예루살렘을 위하여"라 하십니다. "다윗
을 위하여"라 하심은 하나님께서 다윗에게 세워주신 "메시아언약"을
이루시기 위해서라는 뜻이고, "내가 택한 예루살렘을 위하여"라 하심

은 예루살렘을 택하시고 그곳에 두신 "하나님의 이름과 영광"을 위해 서라는 뜻입니다. 이처럼 "상한 갈대를 꺾지 아니하며 꺼져가는 등불을 끄지 아니"(사 42:3)하심으로 그리스도가 다윗의 자손으로 오시게 되어 우리가 구원을 얻게 되었던 것입니다.

③ 이 "일곱 등잔"이라는 모형이 신약의 성도들에게는 어떻게 적용이 되는가? 예수 그리스도의 구속으로 말미암아, "오른손에 있는 일곱 별을 붙잡고 일곱 금 촛대 사이를 거니시는 이가 이르시되"(계 2:1)한 "교회"로 세워지게 된 것입니다. 이제는 교회가 태양 빛을 반사하여 어둔 밤을 밝히는 달처럼 죄악으로 어두워진 "세상의 빛"이 된 것입니다.

㉠ 교회를 "일곱 금 촛대"라 하시는데 이는 교회가 자격이 있어서가 아니라 주님의 몸 된 교회이기 때문에 "금 촛대"라 하는 것입니다. 같은 원리로 교회가 어떤 방도로 "빛"을 비추는가? 이는 윤리적인 의미만이 아니라 "그리스도의 영광의 복음의 광채"(고후 4:4), 즉 복음전파를 통해서인 것입니다.

㉡ "등잔대"의 양식은 출애굽기 25:31-40절에 나오는데, 한 등잔대에 일곱 개의 등잔이 있는 모양으로 되어 있습니다. "등잔 일곱"은 무심한 것이 아니라, "일곱 눈이 있으니 이 눈들은 온 땅에 보내심을 받은 하나님의 일곱 영이더라"(계 5:6)한, 하나님의 전지(全知)하심을 나타냅니다.

이런 점이, "등잔 일곱을 만들어 그 위에 두어 앞을 비추게 하라"(출 25:37)는 말씀에 나타납니다. "앞을 비추게 하라"는 점을 주목하시기 바랍니다. 하나님은 아브라함에게, "너는 내 앞에서 행하여 완전하라"(창 17:1)하셨는데 그러니까 제사장은, 그리고 우리들은 모든 일을 일곱 등잔불이 비추는 그 빛 앞에서, 즉 하나님이 보고 계시는 그 앞에서 행하고 있다는 것이 됩니다.

④ "계속해서 등잔불을 켜 둘지며"하신 말씀이 우리에게는 어떻게 적용이 되는가 하는 점입니다. 주님은, "허리에 띠를 띠고 등불을 켜고 서 있으라 너희는 마치 그 주인이 혼인집에서 돌아와 문을 두드리면 곧 열어 주려고 기다리는 사람과 같이 되라, 그러므로 너희도 준비하고 있으라 생각하지 않은 때에 인자가 오리라"(눅 12:35-36, 40)하신 말씀으로 적용이 되는 것입니다.

㉠ 구약의 성도들은, "계속해서 등잔불을 켜고 꺼지지 않도록 항상 등잔불을 정리"하면서 초림의 주님을 기다렸습니다만, 신약의 성도들은 불법이 성함으로 등불이 꺼지지 않도록(마 25:8) 항상 등불을 정리, 즉 복음을 보수하여 복음의 빛을 밝히 비추면서 재림의 주님을 기다려야 하는 것입니다.

㉡ 이런 맥락에서 이 시대의 복음 전도자들은 항상 깨어 있어야 하는 이 시대의 불침번(不寢番)이라 할 것입니다. 복음의 등불을 계속해

서 켜야 하고, 복음의 빛이 쇠잔해지지 않도록 "계속해서 등불을 정리"
하면서 말입니다.

⑤ 이제 두 번째 주제로, "너는 고운 가루를 가져다가 떡 열두 개를
굽되 각 덩이를 십분의 이 에바로 하여 여호와 앞 순결한 상 위에 두 줄
로 한 줄에 여섯씩 진설하라"(5-6)고 명하십니다. "떡 열두개"는 열두
지파를 상징하는 것입니다. 대제사장의 흉패(胸牌)와 견대(肩帶)에도
열두 지파를 상징하는 열두 개의 보석을 달라 하셨습니다.

㉠ "등잔불"이 "나는 세상의 빛이라" 하신 그리스도의 모형이듯이,
이 "떡"도 "나는 생명의 떡이니 내게 오는 자는 결코 주리지 아니할 터
이요"(요 6:35) 하신 예수 그리스도에 대한 모형인 것입니다. 그렇다면
우리가 확고해야 할 점은 떡 열두 개를 진설하라 하신 하나님의 의도
입니다. 하나님을 위해서입니까?

㉡ 8절을 보십시오. "이는 이스라엘 자손을 위한 것이요 영원한 언
약이니라", 즉 하나님을 위해서가 아니라 우리를 위해서라 하십니다.
그리고 더욱 확신하게 되는 것은, "이 떡은 아론과 그의 자손에게 돌리
고 그들은 그것을 거룩한 곳에서 먹을지니"(9)하신 우리에게 "주어서
먹고" 생명을 얻게 하기 위해서 라는 점입니다.

이점에서 상기하게 되는 말씀이 있는데, "내가 이 피를 너희에게 주
어 제단에 뿌려 너희의 생명을 위하여 속죄하게 하였나니"(17:11)하신

말씀입니다. 하나님의 의도는 변함이 없이 자기 아들의 "살과 피"를 우리에게 주시어 먹게 하기 위함이라는 점을 명심해야만 합니다.

ⓒ 주님은, "나는 하늘에서 내려온 살아 있는 떡이니 사람이 이 떡을 먹으면 영생하리라 내가 줄 떡은 곧 세상의 생명을 위한 내 살이니라"(요 6:51) 하십니다. "내가 진실로 진실로 너희에게 이르노니 인자의 살을 먹지 아니하고 인자의 피를 마시지 아니하면 너희 속에 생명이 없느니라"(요 6:53)하십니다. 이제 분명합니까?

그러면 어떻게 하는 것이 주님의 "살을 먹고 피를 마시는" 것입니까? 예레미야는, "만군의 하나님 여호와시여 나는 주의 이름으로 일컬음을 받는 자라 내가 주의 말씀을 얻어 먹었사오니"(렘 15:16)합니다. 주님께서 대속제물이 되심으로 이루어 주신 "십자가 복음"을 받아먹는 것으로 적용이 되는 것입니다.

그래서 주님은, "충성되고 지혜 있는 종이 되어 주인에게 그 집 사람들을 맡아 때를 따라 양식을 나눠 줄 자가 누구냐 주인이 올 때에 그 종이 이렇게 하는 것을 보면 그 종이 복이 있으리로다"(마 24:45-46)고, 말씀하신 것입니다.

⑥ "안식일마다 이 떡을 여호와 앞에 항상 진설할지니"(8) 하십니다. 그러니까 안식일마다 새로운 떡으로 교환하라는 말씀입니다. 그런데 말라기 시대의 상황은 어떠했는가? "너희가 더러운 떡을 나의 제단에

드리고도 말하기를 우리가 어떻게 주를 더럽게 하였나이까 하는도다"

(말 1:7)고 책망하십니다.

㉠ "더러운 떡"이라 하심을 유념하시기를 바랍니다. 이는 말라기 시대가 메시아언약을 망각했다는 명백한 증거인 것입니다. 그러면 그들이 "더러운 떡"을 드렸다는 것이 무슨 뜻인가? 첫째는, "떡"에 곰팡이가 나도록 방치했던 것입니다. 즉 무관심하여 거들떠보지를 않은 것입니다. 감히 말씀을 드립니다만 오늘의 제사장들은 "복음의 떡"에 곰팡이가 앉게 하고 있는 것은 아닌지 심각하게 반성을 해야 할 것입니다.

㉡ 둘째로 "더러운 떡"이란, 떡에다가 "너희가 누룩이나 꿀을 여호와께 화제로 드려 사르지 못할지니라"(2:11)한 "누룩과 꿀"을 섞는 일입니다. 셋째로 "더러운 떡"이란, "그 위에 기름을 붓고 그 위에 유향이 더할지니"(2:15)한 "기름과 유향"이 없는 것입니다. "기름과 유향"이 빠지게 되면 세상 떡과 구별이 되지 않는 더러운 떡이 되는 것입니다.

현대교회의 상황은 어떠하다고 여겨지십니까? 생명의 떡에다가 누룩과 꿀을 넣어도 너무 많이 넣는다는 생각이 들지 않습니까? 반면 "기름과 유향", 즉 성령의 나타나심과 능력(고전 2:4)은 빠진 듯이 여겨지지 않습니까?

주님은 말씀하십니다. "나는 세상의 빛이니 나를 따르는 자는 어둠에 다니지 아니하고 생명의 빛을 얻으리라"(요 8:12), "내가 문이니 누구든지 나로 말미암아 들어가면 구원을 받고 또는 들어가며 나오며 꼴을 얻으리라"(요 10:9). 이것이 "빛과 생명의 양식이 되시는 그리스도의 예표"입니다.

온 세상이 캄캄하여서 참 빛이 없었더니

그 빛나는 영광 나타나 온 세상 비치었네

영광 영광의 주 영광 영광의 주

밝은 그 빛 내게 비추었네

영광 영광의 주 영광 영광의 주

이 세상의 빛은 오직 주 예수라. (84장)

레위기 25:1-12 분석도표

주제 : 자유를 공포할 희년의 구속사적 의미

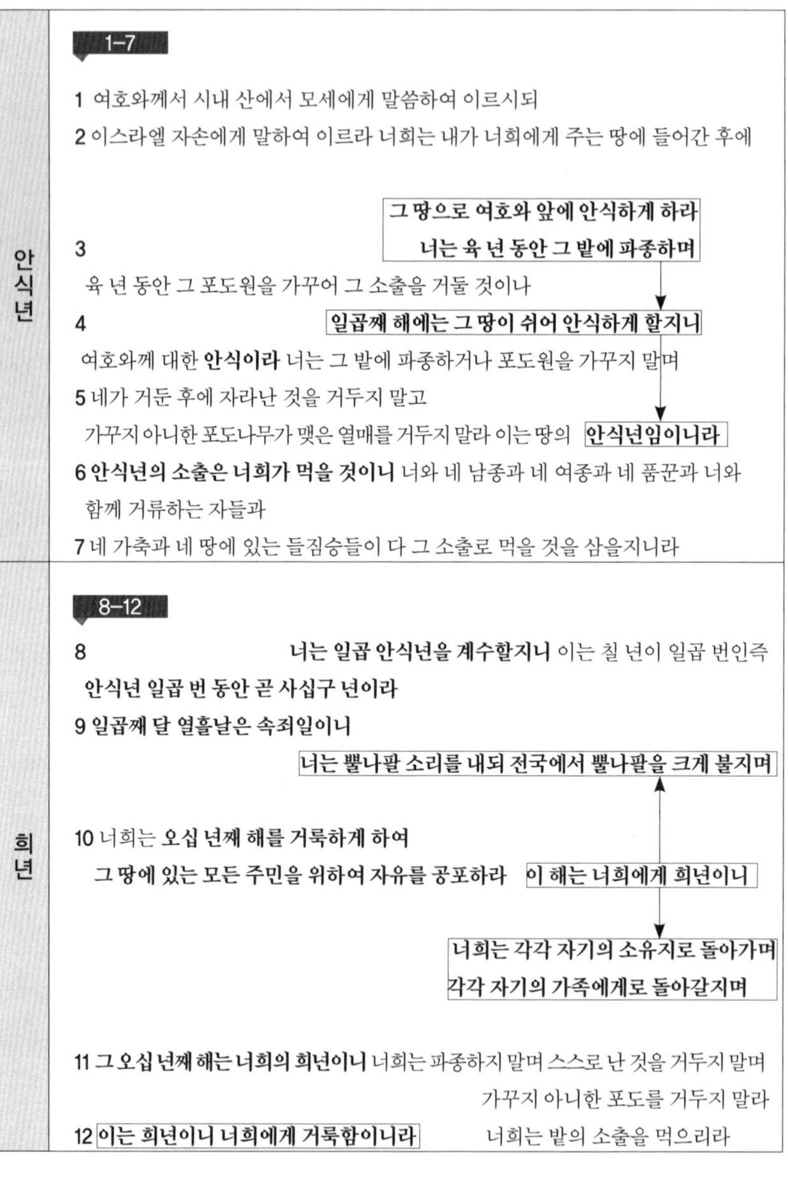

자유를 공포할 희년의 구속사적 의미

설교 작성노트

본문은 약속의 땅에 들어가서 지켜야 할 "안식년과 희년"에 대한 규례다. 창세기에 의하면 사람은 여섯 째 날에 지음을 받아 무슨 일을 하기 전에 "안식"부터 누렸다. 그런데 죄로 말미암아 안식을 상실한 것이다. 열 두절 안에 "안식"이 7번 등장하고, 25장 안에는 "희년"이 14번이나 등장한다. 사람만이 아니라 땅도 안식하게 하라 하신다. 이처럼 강조하시는 "안식일·안식년·희년"의 구속사적 의미가 무엇인가? 이를 증언하려는 것이 내용목적이다.

그러므로 구속사에 있어서 "안식"이라는 주제는, "수고하고 무거운 짐 진 자들아 다 내게로 오라 내가 너희를 쉬게 하리라"(마 11:28)하신, 안식일의 주인이신 예수 그리스도를 지향하고 있는데 그 절정이 "희년”인 것이다. 주님은 이 희년이, “너희에게 응하였다”(눅 4:21)고 선언하시는데 적용목적이 있다 하겠다.

강론

본문은 “안식년과 희년”에 대한 말씀입니다. 열 두절 안에 “안식”이 7번 등장하고, 25장 안에 “희년”이라는 말이 14번이나 강조되어 있다는 점만 보아도 그 중요성을 알 수가 있습니다. 일곱째 날은 “안식일”이요, 일곱째 해는 “안식년”이요, 안식년이 일곱 번이 되는 49년, 햇수로 50년은 “희년”이라고 말씀하십니다. 그러니까 “안식일”이 모여 “안식년”이 되고, “안식년”이 모여 “희년”이 되는 구조로 되어 있습니다. “희년”, 그 이상은 없습니다.

① 먼저, “이스라엘 자손에게 말하여 이르라 너희는 내가 너희에게 주는 땅에 들어간 후에 그 땅으로 여호와 앞에 안식하게 하라”(2)하신, “안식”의 구속사적인 의미부터 생각해보겠습니다.

㉠ 창세기 1장에 의하면 사람을 여섯째 날에 창조하시고, “하나님이 그 일곱째 날을 복되게 하사 거룩하게 하셨으니 이는 하나님이 그 창조하시며 만드시던 모든 일을 마치시고 그 날에 안식하셨음이니라”(창 2:3)합니다. 그렇다면 사람은 태어나자 무슨 일을 하기 전에 “안식”

(安息)부터 취한 것이 됩니다. 이는 피조 된 인간은 하나님의 은혜를 의지함으로만 살아갈 수 있다는 점과 하나님의 품 안에서만 안식을 누릴 수가 있다는 점을 나타냅니다.

ⓛ 그런데 인류의 시조의 범죄로 말미암아 모든 인류는 안식을 빼앗기고, "죽기를 무서워하므로 한평생 매여 종노릇 하는"(히 2:15) 사탄의 포로로 전락하는 비참한 상태가 되고만 것입니다. 그러므로 하나님의 구원계획이란, "여자의 후손"을 아브라함의 자손으로 보내셔서 뱀의 머리를 상하게 하심으로 포로 된 자에게 자유를 주시고 잃었던 "안식"을 회복시켜 주시려는 것입니다.

ⓒ 그러므로 구약시대 하나님의 백성들의 삶의 패턴은, "안식일"을 기다리고 안식년을 기다리며 희년"을 바라고 고대하면서 안식일의 주인 되시는 메시아를 기다리는 삶이었던 것입니다. 그러므로 모세는, "너는 기억하라 네가 애굽 땅에서 종이 되었더니 네 하나님 여호와가 강한 손과 편 팔로 거기서 너를 인도하여 내었나니 그러므로 네 하나님 여호와가 네게 명령하여 안식일을 지키라 하느니라"(신 5:15)고, 안식일을 지키라 하시는 하나님의 의도를 바로의 노예에서 구원해주신 것과 결부시켜 증언했던 것입니다.

ⓡ 이런 맥락에서 신약의 성도들은 안식일의 주인 되시는 주님의, "수고하고 무거운 짐 진 자들아 다 내게로 오라 내가 너희를 쉬게 하리라"(마 11:28)하신 초청을 받아 "안식"을 누리는 자들입니다. 그러나 "안

식"의 온전한 성취는, "모든 눈물을 그 눈에서 닦아 주시니 다시는 사망이 없고 애통하는 것이나 곡하는 것이나 아픈 것이 다시 있지 아니하리니 처음 것들이 다 지나갔음이러라"(계 21:4)할, 그날에 완성이 될 것입니다. 그러므로 신약의 성도들은 "주일"을 중심으로 주님의 재림을 기다리면서 살아가고 있는 것입니다.

② 그런데 하나님께서는 사람만이 아니라, "너희는 내가 너희에게 주는 땅에 들어간 후에 그 땅으로 여호와 앞에 안식하게 하라 너는 육년 동안 그 밭에 파종하며 육년 동안 그 포도원을 가꾸어 그 소출을 거둘 것이나 일곱째 해에는 그 땅이 쉬어 안식하게 할지니"(2-4)라고, "땅"까지 안식하게 하라 하십니다.

㉠ 어찌하여 "땅"까지 안식하게 하라 하시는가? 그 의도를, "내가 네게 먹지 말라 한 나무의 열매를 먹었은즉 땅은 너로 말미암아 저주를 받고"(창 3:17)한 말씀에서 구할 수가 있습니다. 이를 인식했기에 사도 바울은, "생각하건대 현재의 고난은"(롬 8:17)하고 성도들이 당면한 "고난"이라는 주제를 다루는 문맥에서 갑자기 "피조물이 다 이제까지 함께 탄식하며 함께 고통을 겪고 있는 것을 우리가 아느니라"(22)고, 피조물의 "탄식과 고통"을 말씀했던 것입니다.

㉡ 어찌하여 피조물들이 고통을 겪게 되었습니까? 하나님께서 아담에게, "땅은 너로 말미암아 저주를 받고"(창 3:17)한 사람으로 말미암

아 죄가 들어왔기 때문입니다. 그리하여, "피조물이 고대하는 바는 하나님의 아들들이 나타나는 것이니"(19)하고 피조물들도 고대하고 있다고 말씀합니다.

무엇을 고대하고 있는가? "썩어짐의 종노릇 한 데서 해방되어 하나님의 자녀들의 영광의 자유에 이르는 것이니라"(21)고 말씀합니다. 그러면 피조물들이 바라는 "하나님의 자녀들의 영광의 자유"가 무엇일까요? "우리까지도 속으로 탄식하여 양자 될 것 곧 우리 몸의 속량을 기다리느니라"(23)한 "몸의 속량", 즉 영화의 날이 "영광의 자유"에 이르는 날이요, 참 안식을 누리게 되는 날인 것입니다.

ⓒ 사도 바울은 이렇게 말씀하는 셈입니다. "어찌 네 고난만을 생각하느냐? 만물의 영장이라 하는 인간의 범죄로 말미암아 모든 피조물도 탄식하며 함께 고통을 겪고 있으면서, "하나님의 자녀들의 영광의 자유에 이르는 그 날을 고대하고 있다는 점을 생각하라". 그렇다고 성도들의 고난, 피조물의 고난만이 아닙니다.

ⓓ "우리가 그와 함께 영광을 받기 위하여 고난도 함께 받아야 할 것이니라"(롬 8:17)한 말씀 속에는, "어찌 네 고난만을 생각하느냐? 우리 죄로 말미암아 하나님의 아들이 십자가에 달리신 고난을 생각해보라"는 뜻이 있는 것입니다. 그러므로 고난 중에도 "참음으로 기다릴지니라"(25)합니다. 이것이 "안식"의 구속사적인 의미입니다.

③ 다음으로 "너는 일곱 안식년을 계수할지니 이는 칠년이 일곱 번 인즉 안식년 일곱 번 동안 곧 사십구 년이라"(8)하신, "희년"의 구속사적 의미를 생각해보겠습니다.

㉠ "희년"이라는 원어는 "요벨"입니다. 이는 본래 숫양의 뿔을 가리키는 말이었는데 나팔을 크게 불어 기쁜 소식을 널리 알린다는 뜻에서 "희년을 요벨"로 부르게 된 것입니다.

㉡ "희년"은 언제부터 시작이 되는가? 1년에 한번 돌아오는 속죄일의 50번째 "속죄일"(9)로부터 시작이 되는 것입니다. 그러니까 "희년"은 "속죄일"이 50번 모여서 이루어진 것이요, "안식년"을 7번 모아서 맞이하게 되는 것이니 "희년"이야말로 "속죄일 중의 속죄일이요, 안식년 중의 안식년"으로 기쁜 소식 곧 복음을 극대화한 상징이 되는 것입니다. 다시 말하면 "안식일·안식년·속죄일" 등은 오직 "희년"을 지향(指向)하고 바라는 것이 되고, 그러므로 "희년"은 주님의 초림으로 시작이 되어서 재림으로 완성이 될 것입니다.

④ 그러면 희년에는 어떤 기쁜 소식이 있는 날인가 하는 점입니다. "너희는 오십 년째 해를 거룩하게 하여 그 땅에 있는 모든 주민을 위하여 자유를 공포하라 이 해는 너희에게 희년이니 너희는 각각 자기의 소유지로 돌아가며 각각 자기의 가족에게로 돌아갈지며"(10)하십니다.

㉠ 자유를 공포하라 하십니다.

ⓛ 가족에게로 돌아가라 하십니다. 빚값에 팔려서 종이 되었던 자들이 자유하게 되어 그리워하던 가족 품으로 돌아가게 되기 때문에 기쁜 날인 것입니다. 그러므로 "희년"이라는 예표를 통해서 말씀하시는 의도는 분명합니다.

이점을 주님은, "주의 성령이 내게 임하셨으니 이는 가난한 자에게 복음을 전하게 하시려고 내게 기름을 부으시고 나를 보내사 포로 된 자에게 자유를, 눈 먼 자에게 다시 보게 함을 전파하며 눌린 자를 자유롭게 하고 주의 은혜의 해를 전파하게 하려 하심이라"(눅 4:18-19)고, 희년을 "주의 은혜의 해"라고 말씀하십니다. 그리고 "이 글이 오늘 너희 귀에 응하였느니라"(눅 4:21)고 주님은 "희년"의 성취자로 오셨다는 점을 선포하셨습니다.

⑤ 그런데 희년의 기쁜 소식은 또 있습니다. "이 희년에는 너희가 각기 자기의 소유지로 돌아갈지라 네 이웃에게 팔든지 네 이웃의 손에서 사거든 너희 각 사람은 그의 형제를 속이지 말라"(13-14)하십니다. 무슨 뜻이냐 하면, 약속의 땅에 들어가서 살아가는 동안 시간이 지남에 따라 빈부의 격차가 벌어지게 될 것입니다. 그리하여 하나님께 분배받았던 기업, 즉 땅을 팔게 되는 경우가 일어날 것입니다. 그런데 "희년"에는 잃었던 기업을 다 되돌려주라는 말씀입니다.

㉠ 그래서 땅을 사고 팔 때는 "희년"이 얼마나 남았는가를 계산해서 많이 남았으면 값을 많이 주고 조금 남았으면 적게 계산을 하라고 말

쏨하십니다. 그래서 "너는 뿔 나팔 소리를 내되 전국에서 뿔 나팔을 크게 불지며"(9)하고 희년의 기쁜 소식을 모든 백성들에게 고하라 하신 것입니다.

ⓛ 우리는 예표로 주어졌던, "안식일·안식년· 속죄일·희년"이 실체로 성취하여주신 이후 시대를 살아가고 있는 것입니다. 다시 말하면 "탕감, 속량, 대 사면"(赦免)을 받은 자들인 것입니다. 그런데 이미 임하였으나 아직 완성된 것은 아닙니다. 온전한 성취는 주님의 재림의 날에 완성이 될 것입니다.

⑥ 이점에서 사도 바울이 옥중에서 밖에 있는 성도들을 위하여 간구한 기도(엡 1:18-20)를 생각하게 합니다. 사도의 간구는 "주십시오, 주십시오"하는 것이 아니라, "알게 하시기를" 구하고 있습니다. 첫째로, "그의 부르심의 소망이 무엇"인지 알게 해주시기를 구합니다. "부르심의 소망"이란 나 같은 죄인이 만군의 여호와 하나님께 "부르심"을 받았다는 감사와 감격을 가리키는 것입니다.

㉠ 둘째로, "성도 안에서 그 기업의 영광의 풍성함이 무엇인지"(18하) 알기를 구합니다. 이는 죄로 말미암아 잃어버렸던 기업을 회복시켜주실 것을 가리킵니다. 사도는 그냥 "기업"이라고 말하는 것이 아니라, "기업+영광+풍성"이라고 인간의 언어로 표현할 수 있는 최대한의 표현을 동원하고 있습니다. 이점을 에베소서 1:3절에서는, "하늘에 속

한 모든 신령한 복을 우리에게 주시되”라고 말씀합니다. 형제여, 그래도 부족합니까?

ⓒ 셋째는, “믿는 우리에게 베푸신 능력의 지극히 크심이 어떠한 것을 너희로 알게 하시기를 구하노라” 합니다. 지금 사도는 성도들에게 “은혜를 주십시오. 복을 주십시오, 능력을 주십시오”라고 기도하고 있는 것이 아니라는 점입니다. 왜냐하면 이는 하나님께서 이미 그리스도 안에서 베풀어주신 은혜이기 때문입니다.

그래서 “알게 하시기를 구하고” 있다는 점입니다. 사도는 〈그의 힘+위력+능력+지극히 크심〉이라고 인간의 언어로 표현할 수 있는 최상급에 최상급을 더해서 말씀하고 있습니다.

그러면 “우리에게 베푸신 능력”이라 하는데 언제 베풀어주신 능력이란 말인가? “허물과 죄로 죽었던 우리를 살리실 때, 사망에서 생명으로 옮겨질 때” 베푸신 능력인 것입니다. 이런 예표가 “희년”이라는 상징 속에 들어 있는 것입니다.

⑦ 구약성경, 특히 모세오경을 상고하노라면 하나님은 참으로 수고도 아랑곳 하시지 않고, “온 백성에게 미칠 큰 기쁨의 좋은 소식”(눅 2:10)을 반복적으로 계시하시는 것을 대하게 됩니다. 이점을 히브리서는 해설해주기를, “옛적에 선지자들을 통하여 여러 부분과 여러 모양으로 우리 조상들에게 말씀하신 하나님이 이 모든 날 마지막에는 아들

을 통하여 우리에게 말씀하셨다"(히 1:1-2)고 진술합니다. 하나님은 구약시대에 복음을, "언약·예언·예표·그림자·모형" 등으로 말씀하신 후에 마지막에는 아들을 보내주셨다는 것입니다.

㉠ 레위기에서만도, 그리스도께서 대속제물이 되어주실 것을 "5대 제사"를 통해서 계시하셨습니다.

㉡ 주님께서 대속제물이 되실 것을, "속죄일"에 드려지는 두 마리 제물을 통해서 유치원 어린이들에게 실물교육을 하듯이 계시하셨습니다.

㉢ 하나님의 구원계획을 "유월절·오순절·초막절"이라는 3대 절기로 요약해서 계시하여주셨습니다.

㉣ 본문에서는, "안식년·희년"(禧年)을 들어서 또다시 복음을 계시해 주십니다.

⑧ 왜 이렇게 반복적으로 말씀하셨을까요? 첫째는, 믿을만한 증거를 주시기 위해서입니다. 생각해보십시오. 아닌 밤중에 홍두깨 내밀듯이 그리스도를, 복음을 불쑥 보내셨다면 누가 믿을 수가 있단 말입니까? 그래서 하나님은 믿을만한 근거를 충분하리만치 제시하신 후에 예수 그리스도를 보내주신 것입니다. 얼마나 확실한 복음입니까!!

㉠ 둘째는, 여기에 영원한 구원이냐? 영원한 멸망이냐 하는 사활(死活)이 걸려 있기 때문에 "여러 부분과 여러 모양으로" 반복적으로 강조하셨던 것입니다. 이점을 사도 바울은, "너희에게 같은 말을 쓰는 것이 내게

는 수고로움이 없고 너희에게는 안전하니라"(빌 3:1)고 말씀합니다.

ⓒ 셋째는, 인간의 거짓됨과 불신앙 때문입니다. 주님께서도 중요한 말씀을 하실 때에는, "내가 진실로 진실로 너희에게 이르노니"라고 말씀하십니다. 그런데도 많은 사람들이 "여러 부분, 여러 모양으로 말씀하신", 즉 "언약·예언·예표·모형·그림자" 등의 성취자로 오신 예수 그리스도를 믿지 않고 배척하고 있다니 얼마나 답답하고 안타까운 일입니까?

이제 우리 스스로 자문해보아야만 하겠습니다. 첫째로, 큰 기쁨의 좋은 소식"(눅 2:10)을 들은 나 자신이 먼저, "주 안에서 항상 기뻐하라 내가 다시 말하노니 기뻐하라"(빌 4:4)한 기쁨이 있는가 하는 점입니다. 둘째는, "희년"의 기쁜 소식을 "뿔 나팔"을 크게 불듯이 모든 사람들이 듣도록 알리고 있는가? 그렇지 못하다면 그 원인이 어디에 있는 것일까요? 자문하게 합니다. 이것이 "자유를 공포할 희년의 구속사적 의미"입니다.

온 세상 위하여 나 복음 전하리

만백성 모두 나와서 주 말씀 들으라

죄 중에 빠져서 헤매는 자들아

주님의 음성 듣고서 너 구원 받으라

전하고 기도해 매일 증인되리라

세상 모든 사람 다 듣고 그 사랑 알도록. (505장)

레위기 25:23-28, 47-55 분석도표

주제 : 우리의 기업 무를 자에 대한 예표

<table>
<tr><td rowspan="11">기
업
무
를
자</td><td colspan="2">

23-28

</td></tr>
<tr><td>23</td><td>토지를 영구히 팔지 말 것은 토지는 다 내 것임이니라</td></tr>
<tr><td></td><td>너희는 거류민이요 동거하는 자로서 **나와 함께 있느니라**</td></tr>
<tr><td>24</td><td>너희 기업의 온 땅에서　　그 토지 무르기를 허락할지니</td></tr>
<tr><td>25</td><td>만일 네 형제가 가난하여 그의 기업 중에서 얼마를 팔았으면
그에게 가까운 기업 무를 자가 와서 그의 형제가 판 것을 무를 것이요</td></tr>
<tr><td>26</td><td>만일 그것을 무를 사람이 없고 자기가 부유하게 되어 무를 힘이 있으면</td></tr>
<tr><td>27</td><td>그 판 해를 계수하여 그 남은 값을 산 자에게 주고 자기의 소유지로 돌릴 것이니라</td></tr>
<tr><td>28</td><td>그러나 자기가 무를 힘이 없으면</td></tr>
<tr><td></td><td>그 판 것이 희년에 이르기까지 산 자의 손에 있다가</td></tr>
<tr><td></td><td>**희년에 이르러 돌아올지니 그것이 곧 그의 기업으로 돌아갈 것이니라**</td></tr>
<tr><td rowspan="14">형
제
가

속
량
하
라</td><td colspan="2">

47-55

</td></tr>
<tr><td>47</td><td>만일 너와 함께 있는 거류민이나 동거인은 부유하게 되고 그와 함께 있는</td></tr>
<tr><td></td><td>그가 너와 함께 있는 거류민이나 동거인 또는　　네 형제는 가난하게 되므로
거류민의 가족의 후손에게 팔리면</td></tr>
<tr><td>48</td><td>그가 팔린 후에 그에게는 **속량** 받을 권리가 있나니　그의 형제 중 하나가 그를 속량하거나</td></tr>
<tr><td>49</td><td>또는 그의 삼촌이나 그의 삼촌의 아들이 그를 **속량**하거나 그의 가족 중 그의 살붙이
중에서 그를 **속량**할 것이요 그가 부유하게 되면 스스로 **속량**하되</td></tr>
<tr><td>50</td><td>자기 몸이 팔린 해로부터 희년까지를 그 산 자와 계산하여 그 연수를 따라서
그 몸의 값을 정할 때에 그 사람을 섬긴 날을 그 사람에게 고용된 날로 여길 것이라</td></tr>
<tr><td>51</td><td>만일 남은 해가 많으면 그 연수대로 팔린 값에서 **속량**하는 값을 그 사람에게 도로 주고</td></tr>
<tr><td>52</td><td>만일 희년까지 남은 해가 적으면 그 사람과 계산하여 그 연수대로 **속량**하는 그 값을
그에게 도로 줄지며</td></tr>
<tr><td>53</td><td>주인은 그를 매년의 삯꾼과 같이 여기고 네 목전에서 엄하게 부리지 말지니라</td></tr>
<tr><td>54</td><td>그가 이같이 **속량**되지 못하면　　**희년에 이르러는 그와 그의 자녀가 자유하리니**</td></tr>
<tr><td>55</td><td>**이스라엘 자손은 나의 종들이 됨이라**</td></tr>
<tr><td></td><td>그들은 내가 애굽 땅에서 인도하여 **낸 내 종이요 나는 너희의 하나님 여호와이니라**</td></tr>
</table>

우리의 기업 무를 자에 대한 예표

설교 작성노트

본 설교의 핵심 주제는, "기업 무를 자"(25)에 있다. 어찌하여 기업 무를 자가 필요하게 되었는가? 첫째는, "형제가 가난하여 그의 기업 중에서 얼마를 팔았으면"(25), 즉 분배받은 땅을 잃게 되었기 때문이요, 둘째는 "가난하게 되어 몸이 팔리면"(47), 즉 "몸"이 종으로 팔리게 되었기 때문이다. 하나님께서 그 해답으로 "기업 무를 자"라는 규례를 주셨던 것이다. 이는 모세가 고안해 낸 것이 아니라 하나님께서 명하신 것인데 이 예표를 통해서 우리의 "기업 무를 자"로 자기 아들을 보내주실 것을 계시하시려는 것이다.

하나님께서는, "그의 형제 중 하나가 그를 속량하라"(48), 즉 대신 값을 지불하고 찾아주라 하신다. 이 "속량"이라는 주제가 우리들에게 적실성이 있는 것은 "우리는 죄 값에 팔린 자"요, 그리하여 하나님께 받은 기업을 다 잃어버린 자들이 되었기 때문이다. 그런 파산상태가 된 우리의 유일한 소망은 누가 우리의 "기업 무를 자"(25)가 되어서 우리의 잃어버린 기업을 회복시켜주고, 죄 값에 팔린 "우리를 속량"해줄 것인가로 모아진다. 이를 증언하려는 것이 내용목적이다.

이처럼 우리의 형제가 되어서 나의 죄를 속량하여 회복시켜주었다면 우리는 그 분에게 어떻게 보답해야 마땅한가 하는 여기에 적용목적이 있다 하겠다.

강론

성경은 문제에 대한 해답입니다. 만일 "한 사람으로 말미암아 죄가 세상에 들어오고 죄로 말미암아 사망이 들어왔나니"(롬 5:12)한, "죄와 사망"이라는 문제가 발생하지 않았다면 성경은 기록이 되지 않았을 것이요, 우리에게는 성경이 필요 없었을 것입니다. 본문은 두 가지 문제(問題)와 해답을 계시하시는 내용으로 되어 있습니다. 바로의 노예에서 해방이 되어 자유하게 된 선민 이스라엘은 약속의 땅에 들어가서 지파대로 종족을 따라 기업을 공평하게 분배(分配)를 받게 될 것입니다. 그러나 세월이 지남에 따라 빈부의 격차는 벌어지게 되어 문제가 발생하게 마련입니다.

① 첫째로 대두되는 문제는, "형제가 가난하여 그의 기업 중에서 얼마를 팔았으면"(25), 즉 하나님께 분배받은 땅을 잃게 된 경우입니다. 이에 대한 해결책을 무엇이라고 말씀하시는가?

㉠ "그에게 가까운 기업 무를 자가 와서 그의 형제가 판 것을 무를 것이요"(25) 하십니다. "기업 무를 자"란 가까운 친척을 가리키고, "무르라"는 뜻은 값을 대신 지불하고 땅을 찾아주라는 말씀입니다.

㉡ 둘째로 대두되는 문제는 가난하게 되어 빚값에 "몸이 팔렸으면"(47), 즉 유월절 어린 양의 피로 속량을 받아 하나님의 백성이 된 자가 종으로 팔린 경우입니다. 이에 대한 해결책을 무엇이라고 말씀하시는가? "그가 팔린 후에 그에게는 속량 받을 권리가 있나니 그의 형제 중 하나가 그를 속량하거나 또는 그의 삼촌이나 그의 삼촌의 아들이 그를 속량하거나 그의 가족 중 그의 살붙이 중에서 그를 속량할 것이요"(48-49)하고, 역시 가까운 친척이 "기업 무를 자"가 되어 속량하라 하십니다. "속량"이라는 말이 4번이나 강조되어 있는데, "속량"이란 빚을 대신 갚아주고 그를 자유하게 해주라는 말씀입니다.

㉢ 두 가지 문제에 대한 해결책에는 공통점이 있는데, 첫째는 "가까운 형제"라야 하고, 둘째는 "기업 무를 자"로 자원을 해야 하고, 셋째는 "속량", 즉 값을 대신 갚아줄 능력이 있어야만 한다는 점입니다. 형

제가 이런 처지에 놓이게 된다면 가까운 친척 중 누군가가 "기업 무를 자"로 자원하여 하나님께서 말씀하신 대로, "속량해주고 회복시켜줄" 자가 있겠습니까? 아마 없을 것입니다.

더욱이나 우리의 문제는, "너희가 알거니와 너희 조상이 물려 준 헛된 행실에서 대속함을 받은 것은 은이나 금 같이 없어질 것으로 된 것이 아니요"(벧전 1:18)한, 돈으로 해결이 되는 것이 아니라 대신 죽음으로만이 가능한 것인데 누가 이를 감당할 수가 있겠습니까? "의인은 없나니 하나도 없다"하신 대로 사람 중에는 없는 것이며 불가능한 것입니다.

② 약속의 땅에 입성한 구약교회가 이런 문제가 발생했을 경우 하나님께서 명하신 대로 "가까운 친척이 기업 무를 자가 되어서 형제를 속량을 해주었는지"는 확인할 길이 없습니다. 그런데 룻기서에 이에 대한 기록이 있습니다.

㉠ 네 장에 불과한 룻기서에는 "기업 무를 자"라는 말이 12번이나 등장합니다. 베들레헴을 떠나 모압으로 내려갔다가 남편과 자식과 재물을 다 잃고 절망 중에 처한 나오미의 유일한 희망은, "기업 무를 자"를 만나는 것입니다. 그런데 가장 가까운 1순위 자가 처음에는 "내가 무르리라"하더니, "나는 내 기업에 손해가 있을까 하여 무르지 못하겠다"(룻 4:4, 6)고 거절합니다. 그렇습니다. "기업 무를 자"가 된다는 것은 수

지가 맞는 일이 아니라 손해가 나는 일인 것입니다.

ⓛ 그리하여 "보아스"가 기업 무를 자로 자원하게 되는데, 보아스는 마태복음 1장에 나오는 예수님의 족보에 등장하는 주님을 예표하는 인물입니다. 보아스가 나오미의 "기업 무를 자"의 임무를 감당하자 베들레헴의 연인들은, "찬송할지로다 여호와께서 오늘 네게 기업 무를 자가 없게 하지 아니 하셨도다"(룻 4:14)고, 하나님을 찬송합니다. 보아스를 찬양하고 있는 것이 아닙니다. 왜냐하면 이는 하나님께서 우리들에게 "기업 무를 자가 없게 하지 아니하실" 예표이기 때문입니다. 참으로 우리에게 "기업 무를 자가 없게 하지 아니 하신" 하나님은 찬양을 받으시기에 너무나 합당하신 것입니다.

③ 이런 맥락에서 "기업 무를 자"라는 주제가 1차적으로는 가나안 복지에 들어가서 지켜야 할 사회규범이라 해도 5대 제사, 3대 절기의 의미가 그러하듯이, "기업 무를 자, 속량"이라는 주제도 여기에는 구속사적인 중요한 의미가 있는 것입니다. 왜냐하면 "종으로 팔리고, 기업을 잃게 된" 두 가지 문제가 바로 원죄 하에 있는 우리들의 문제이기 때문입니다. 윤리도, 교훈도 중요합니다만, 그러나 윤리나 교훈으로는 죄 값으로 파산선고를 당한 자와 같은 우리를 회복시켜주어 하나님께로 돌아가게 해주는 근본적인 해답을 주지 못한다는 점 입니다.

㉠ 그러므로 본문이 제기하는, "빚값에 몸이 팔리고 기업을 잃게 되

었다"는 문제는, "한 사람으로 말미암아 죄가 세상에 들어오고 죄로 말미암아 사망이 들어왔나니"(롬 5:12) 그리하여 "죽기를 무서워하므로 한평생 매여 종노릇 하는"(히 2:15) 우리들의 문제임을 깨닫게 됩니다. 그리고 이런 처지에 있는 우리의 "기업 무를 자가 되어 속량해 줄 자"는, 사람 중에는 한 사람도 없다는 사실입니다. 왜냐하면 예외 없이 모든 사람이 죄 값에 팔린 파산선고를 받은 자들이기 때문입니다.

ⓒ 더욱 더 불가능한 것은 우리를 구원해줄 수 있는 "속량"은 금이나 은 같은 것으로는 불가능하고 "대신 죽음"으로만이 가능하기 때문입니다. 이점을 시편에서는,

자기의 재물을 의지하고 부유함을 자랑하는 자는

아무도 자기의 형제를 구원하지 못하며

그를 위한 속전을 하나님께 바치지도 못할 것은

그들의 생명을 속량하는 값이 너무 엄청나서

영원히 마련하지 못할 것임이니라(시 49:6-8)고 진술합니다.

④ 그러므로 하나님께서 "기업 무를 자가 속량하라"하심을 구속사라는 맥락으로 보면 하나님께서 자기 아들을 육신을 입고 이 땅에 보내주셔서 우리의 형제가 되게 하시어 우리의 기업 무를 자가 되게 해주시겠다는, 하나님께서 행해주실 구속교리에 대한 예표라는 점을 인

식해야만 합니다.

㉠ 그러므로 이에 대한 해답을 레위기의 해설서라 할 수 있는 히브리서에서 만날 수가 있습니다. 2:11절에서는, "그러므로 형제라 부르시기를 부끄러워하지 아니하시고"라고 말씀합니다. 누가 우리를 형제라 부르기를 부끄러워하지 않으셨단 말입니까? "오직 우리가 천사들보다 잠시 동안 못하게 하심을 입은 자, 예수를 보니"(9)하고, 예수님께서 "천사들보다 잠시 동안 못하게 하심", 즉 육신을 입고 우리를 찾아오셔서 "형제"라 부르기를 부끄러워 아니하셨다는 것입니다.

㉡ 그러면 어떤 처지에 있는 자들을, "형제"라 부르기를 부끄러워 아니하셨는가? "죽기를 무서워하므로 한평생 매여 종노릇 하는"(15) 자들을 "형제"라 부르기를 부끄러워 아니하셨다는 것입니다. 그러면 묻습니다. 이는 체면의 문제입니까? 아니면 책임의 문제입니까?

⑤ 그렇습니다. 육신을 입고 우리를 찾아오신 예수 그리스도께서는, "내가 너희 형님이다. 염려하지 말라, 너희가 저질은 죄 값을 내가 다 청산해주러 왔노라"고 말씀하심과 같은 책임의 문제였던 것입니다. 이점이 "그러므로 그가 범사에 형제들과 같이 되심이 마땅하도다 이는 하나님의 일에 자비하고 신실한 대제사장이 되어 백성의 죄를 속량하려 하심이라"(17)한 말씀에 분명히 나타납니다.

㉠ 하나님께서는 이 "복음"을 깨닫게 하기 위해서 "그의 형제 중 하

나가 그를 속량하라"(레 25:48)고 예표로 말씀하셨던 것입니다. 그리고 실체인 자기 아들로 성취하여 주셨습니다. 이제 분명합니까?

잠언서는 "가난한 자는 그의 형제들에게도 미움을 받거든 하물며 친구야 그를 멀리 하지 아니하겠느냐 따라가며 말하려 할지라도 그들이 없어졌으리라"(잠 19:7)고 말씀합니다. 이것이 인간의 마음인 것입니다.

㉡ 그런데 하나님의 아들 그리스도께서는 어떻게 행하여 주셨는가? "우리 주 예수 그리스도의 은혜를 너희가 알거니와 부요하신 이로서 너희를 위하여 가난하게 되심은 그의 가난함으로 말미암아 너희를 부요하게 하려 하심이라"(고후 8:9)고 증언합니다. 얼마나 가난해지셨습니까? "그는 근본 하나님의 본체시나 하나님과 동등 됨을 취할 것으로 여기지 아니하시고 오히려 자기를 비워 종의 형체를 가지사 사람들과 같이 되셨고 사람의 모양으로 나타나사 자기를 낮추시고 죽기까지 복종하셨으니 곧 십자가에 죽으심이라"(빌 2:6-8)고 말씀합니다.

㉢ 그러면 그리스도의 속량을 통해서 우리를 얼마나 "부요"하게 해주셨는지 형제는 말해줄 수가 있습니까? 지옥만을 면한 것이 아닙니다. 하나님의 자녀가 되는 권세를 주셨습니다. 자녀가 끝이 아니라 하나님의 후사요 유업을 이을 자가 되도록 부요(富饒)하게 해주셨습니다. 그리고 우리의 지위를 "왕 같은 제사장"이 되게 하셨습니다. 그래도 모자랍니까!! 이제 하나님의 아들 그리스도께서 누구를 위해서 왜

십자가에 죽기까지 고난을 자취하셨는가를 분명히 깨닫게 되셨습니까? 감사와 감격하여 "찬송할지로다"고 찬양하게 되셨습니까?

⑥ 이상 상고한 말씀을, "인자의 온 것은 잃어버린 자를 찾아 구원하려 함이니라"(눅 19:10) 하신 주님의 말씀과 결부시켜서 생각해보시기를 바랍니다. 하나님은 약속하신 대로 자기 아들의 대속을 통해서 희년을 성취하시고 자유를 선포하셨습니다. 자기 아들을 우리의 기업 무를 자로 보내주셔서 우리 죄를 속량케 하시고 잃었던 기업을 회복시켜주셨습니다. 이제 하나 남은 약속인 재림을 통해서 영광의 자유에 이르도록 완성하여주실 것입니다.

㉠ 이 사랑과 은혜를 입은 자라면, "그리스도의 사랑이 우리를 강권하시는도다 우리가 생각하건대 한 사람이 모든 사람을 대신하여 죽었은즉 모든 사람이 죽은 것이라 그가 모든 사람을 대신하여 죽으심은 살아 있는 자들로 하여금 다시는 그들 자신을 위하여 살지 않고 오직 그들을 대신하여 죽었다가 다시 살아나신 이를 위하여 살게 하려 함이라"(고후 5:14-15)고, 고백할 수밖에 없을 것입니다.

이제 형제도, "찬송할지로다 여호와께서 오늘 내게 기업 무를 자가 없게 하지 아니 하셨도다"(룻 4:14)고 찬양하게 되었습니까? 이것이 "우리의 기업 무를 자에 대한 예표"입니다.

그 크신 하나님의 사랑 말로 다 형용 못하네

저 높고 높은 별을 넘어 이 낮고 낮은 땅 위에

죄 범한 영혼 구하려 그 아들 보내사

화목제물 삼으시고 죄 용서하셨네

하나님 크신 사랑은 측량 다 못하네

영원히 변치 않는 사랑 성도여 찬양하세. (304장)

레위기 26:1-2, 14-17, 40-45 분석도표

주제 : 아브라함, 이삭, 야곱과 맺은 언약을 기억하리라

우상숭배

1-2

1 너희는 자기를 위하여 우상을 만들지 말지니 조각한 것이나 주상을 세우지 말며 너희 땅에 조각한 석상을 세우고 그에게 경배하지 말라

나는 너희의 하나님 여호와임이니라

2 너희는 내 안식일을 지키며 내 성소를 경외하라 나는 여호와이니라

추방함

14-17

14 그러나 너희가 내게 청종하지 아니하여 이 모든 명령을 준행하지 아니하며

15 내 규례를 멸시하며 마음에 내 법도를 싫어하여 내 모든 계명을 준행하지 아니하며 내 언약을 배반할진대

16 내가 이같이 너희에게 행하리니 곧 내가 너희에게 놀라운 재앙을 내려 폐병과 열병으로 눈이 어둡고 생명이 쇠약하게 할 것이요 너희가 파종한 것은 헛되리니 너희의 대적이 그것을 먹을 것임이며

17 내가 너희를 치리니 너희가 너희의 대적에게 패할 것이요 너희를 미워하는 자가 너희를 다스릴 것이며 너희는 쫓는 자가 없어도 도망하리라

회개하고 자복하면

40-45

40 그들이 나를 거스른 잘못으로 자기의 죄악과 그들의 조상의 죄악을 또 그들이 내게 대항하므로 자복하고

41 나도 그들에게 대항하여 내가 그들을 그들의 원수들의 땅으로 끌어 갔음을 그 할례 받지 아니한 그들의 마음이 그들의 죄악의 형벌을 기쁘게 받으면 깨닫고 낮아져서

42 내가 야곱과 맺은 내 언약과 이삭과 맺은 내 언약을 기억하며 아브라함과 맺은 내 언약을 기억하고 그 땅을 기억하리라

43 그들이 내 법도를 싫어하며 내 규례를 멸시하였으므로 그 땅을 떠나서 사람이 없을 때에 그 땅은 황폐하여 안식을 누릴 것이요 그들은 자기 죄악의 형벌을 기쁘게 받으리라

44 그런즉 그들이 그들의 원수들의 땅에 있을 때에 내가 그들을 내버리지 아니하며 미워하지 아니하며 아주 멸하지 아니하고 그들과 맺은 내 언약을 폐하지 아니하리니 나는 여호와 그들의 하나님이 됨이니라

45 내가 그들의 하나님이 되기 위하여 민족들이 보는 앞에서 애굽 땅으로부터 그들을 인도하여 낸 그들의 조상과의 언약을 그들을 위하여 기억하리라 나는 여호와이니라

아브라함, 이삭, 야곱과 맺은 언약을 기억하리라

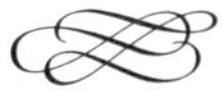

설교 작성노트

26장은 레위기의 결론이라 할 수가 있다. 그러므로 도표에 표시된 세 부분의 의미를 살펴보아야만 전체 의미를 깨달을 수가 있다. 하나님께서 경계하시는 의도는 지금이 아니라 약속의 땅에 들어가서 명심해야 할 경계인 것이다. 첫째는, 우상을 숭배하지 말라(1)고 경계하신다. 둘째로, 만일 이 명령을 준행하지 않으면 대적에게 내어주겠다(14)고 경고하신다. 셋째는, 잘못을 깨닫고 자복하고 회개하면, "아브라함·이삭·야곱과 맺은 언약을 기억하여" 돌아오게 하겠다(42)는 내용으로 되어 있다. 문제는, "내 언약을 배반하면"(15)한, "언약"이 무슨 언약이며, "우상숭배와 언약"이 어떤 연관이 있는가를 증언하려는 것이 내용목적이다.

그러면 우리는 "언약"을 지키고 있는가? 우상숭배와는 무관하다고 말할 수 있는가, 하고 묻게 된다. 이점을 돌아보고자 하는데 적용목적이 있다 하겠다.

강론

26장은 레위기의 결론이라 할 수가 있는데 두려운 경고로 되어 있습니다. 하나님께서는 레위기 1장으로부터 이제까지 "5대 제사·3대 절기·속죄일·희년" 등 의문에 가려 있는 "복음", 즉 기쁜 소식을 이 모양 저 모양으로 말씀하셨습니다. 그렇게 하신 하나님께서 어찌하여 결론에 이르러 두려운 경고를 하시는가? 거짓된 인간이 "언약", 즉 복음을 버리고 이처럼 타락할 가능성이 있기 때문인데, 슬프게도 구약교회는 하나님의 경고를 무시하다가 경고하신 대로 멸망을 당하고 말았던 것입니다. 그러므로 본문은 우리에게도 심각한 경계가 됨으로 순전한 마음으로 받아야 하는 것입니다.

① 무엇에 대해 이처럼 두려운 경고를 하시는가? 하나님의 의도를 깨닫기 위해서는 1절과 15절, 두 절의 의미와 연관성을 인식해야만 바르게 깨달을 수가 있습니다.

㉠ 26장은 1절에서, "너희는 자기를 위하여 우상을 만들지 말지니

조각한 것이나 주상을 세우지 말며 너희 땅에 조각한 석상을 세우고 그에게 경배하지 말라 나는 너희의 하나님 여호와임이니라”(1)고, 우상을 숭배하지 말라고 경계하시는 것으로 시작이 됩니다.

ⓛ 그런데 14절은 “그러나”하고 시작이 되어, “너희가 내게 청종하지 아니하여 이 모든 명령을 준행하지 아니하며 내 규례를 멸시하며 마음에 내 법도를 싫어하여 내 모든 계명을 준행하지 아니하며 내 언약을 배반할진대”(14-15)라고 경고를 하시는 문맥입니다. 이제 1절과 15절을 결부해보면, “우상을 숭배하는 것이 하나님의 언약을 배반하는 것”이라는 사실을 깨닫게 됩니다.

② 이점에서 치명적으로 중요한 요점이 등장하게 되는데 이처럼 경고하셨음에도 불구하고 구약교회는 “우상숭배”를 하다가 멸망을 당했다는 점입니다. 그러면 “우상숭배”가 구속사라는 맥락으로 보면 어떤 의미가 되는가에 확고해야만 경고하시는 하나님의 의도를 깨닫게 되고, 이 말씀을 상고하는 우리도 경성하게 되는 것입니다.

㉠ 그런데 많은 분들이 “우상숭배”를, “너를 위하여 새긴 우상을 만들지 말고 또 위로 하늘에 있는 것이나 아래로 땅에 있는 것이나 땅 아래 물속에 있는 것의 어떤 형상도 만들지 말며 그것들에게 절하지 말며 그것들을 섬기지 말라”(출 20:4-5)하신 십계명의 둘째 계명을 범한 것, 즉 율법을 범한 것으로만 인식한다는 점입니다.

물론 십계명의 둘째 계명을 범한 것은 분명합니다. 이점에서 성경을 교훈적인 관점으로 보느냐? 아니면 구속사라는 관점으로 보고 있느냐 하는 차이가 분명하게 드러나게 되는데 그러면 구약교회가 십계명 중의 한 계명을 범했기 때문에 북이스라엘은 앗수르에, 남쪽 유대는 바벨론에게 멸망을 당했단 말인가? 다시 말하면 모세 율법을 범했기 때문에 멸망을 당했느냐고 묻고 있는 것입니다.

ⓒ 아닙니다. 구약교회는 십계명의 둘째 계명만이 아니라 전부를 범한 것이며, 신약교회도 마찬가지입니다. 이점이 "율법의 행위로는 하나님 앞에 의롭다함을 얻을 자가 없다"하신 말씀에 분명하게 나타납니다. 그러면 구약교회가 멸망을 당한 근본적인 원인은 무엇인가? 이점에 분명해야만 우리도 정신을 차리게 되는 것입니다.

③ 그러므로 멸망을 당한 근본원인이 아브라함과 다윗에게 세워주신, "메시아언약"을 배신했기 때문이라는 점을 인식한다는 것은 사활적으로 중요한 요점인 것입니다. 15절에서 말씀한, "내 언약을 배반할진대"한 "언약"은 모세를 통하여 세워주신 시내 산 언약에 국한된 것이 아닙니다.

㉠ "내가 야곱과 맺은 내 언약과 이삭과 맺은 내 언약을 기억하며 아브라함과 맺은 내 언약을 기억하고 그 땅을 기억하리라"(42)하신, 족장들에게 세워주신 언약, 즉 메시아언약을 배반한 것이라는 점을 인식해

야만 26장을 통한 경고를 바르게 깨닫는 것이 됩니다.

ⓛ 만일 "십계명"을 범했기 때문에 멸망한 것으로 여긴다면 그는 레위기 1장으로 되돌아가야 합니다. 왜냐하면 1장부터 26장에 이르기까지 하나님께서 무엇을 계시하셨는가를 인식하지 못하고 있다는 증거이기 때문입니다. ㉮ 5대 제사 ㉯ 대 속죄일 ㉰ 3대 절기 ㉱ 기업 무를 자·희년 등이 무엇에 대한 그림자인가를 생각해보시기를 바랍니다. 신구약을 막론하고 멸망을 당하게 되는 원인은, "메시아언약" 곧 예수 그리스도의 구속의 은총을 믿지 않기 때문이라는 점에 확고한 자만이 그리스도의 증인들이요, 복음전도자인 것입니다.

④ 구약교회가 우상을 숭배한 이유가 무엇인가? 그들은 말합니다. "우리가 본래 하던 것 곧 우리와 우리 선조와 우리 왕들과 우리 고관들이 유다 성읍들과 예루살렘 거리에서 하던 대로 하늘의 여왕에게 분향하고 그 앞에 전제를 드리리라 그 때에는 우리가 먹을 것이 풍부하며 복을 받고 재난을 당하지 아니하였더니 우리가 하늘의 여왕에게 분향하고 그 앞에 전제 드리던 것을 폐한 후부터는 모든 것이 궁핍하고 칼과 기근에 멸망을 당하였느니라"(렘 44:17-18), 한마디로 우상을 통해서 "복"을 받기 위해서였던 것입니다.

㉠ 그러면 하나님께서 아브라함·이삭·야곱에게 세워주신 언약이 무엇입니까? 아브라함에게, "네 씨로 말미암아 천하 만민이 복을 받으

리니"(창 22:18,)하시고, 이삭에게 "네 자손으로 말미암아 천하 만민이 복을 받으리라"(창 26:4)하시고, 야곱에게도 "땅의 모든 족속이 너와 네 자손으로 말미암아 복을 받으리라"(창 28:14)고 동일하게 복(福)을 받으리라고 언약하셨습니다. 그런데 저들이 우상을 통해서 복을 받으려 했다는 것은 메시아언약을 우상으로 바꿔치기 했다는 명백한 증거인 것입니다.

ⓛ 구속사의 관점으로 보면 "율법"은 구원의 방도로 주신 것이 아니라, "율법은 들어온 것(롬 5:20)이요, 율법은 무엇이냐 범법하므로 더하여진 것이라"(갈 3:19)고 말씀합니다. 즉 아브라함에게 세워주신 메시아언약과 예수 그리스도를 통하여 나타난 복음과 복음 중간에 끼어 넣으신 것이라는 뜻입니다. 영원불변의 언약은 "메시아언약"인 것입니다.

이점을 사도 바울은, "내가 이것을 말하노니 하나님께서 미리 정하신 언약을 사백삼십 년 후에 생긴 율법이 폐기하지 못하고 그 약속을 헛되게 하지 못하리라"(갈 3:17)합니다. 무슨 뜻이냐 하면 성경이 말씀하는 "어머니 언약"(母法)은 아브라함에게 세워주신 메시아언약이요, 그 후에 율법을 주신 것은 첫째는, 하나님의 백성답게 살게 하기 위해서요, 궁극적으로는, "우리를 그리스도께로 인도하는 초등교사"(갈 3:24)역할로 주신 것이라는 말씀입니다.

⑤ "그러므로 너희가 내 규례와 계명을 준행하면"(3)하신, "규례와

계명"이 무엇을 가리키는가? "계명"이 십계명 또는 율법을 가리키는 것이라면, "규례"는 "너희는 이 날을 기념하여 여호와의 절기를 삼아 영원한 규례로 대대로 지킬지니라"(출 12:14)한 유월절이요, "너희는 영원히 이 규례를 지킬지니라"(16:29)한 속죄일 등 의문에 가려 있는 복음이라는 점을 명심해야만 합니다. 이처럼 메시아언약을 굳게 지키고, 하나님의 백성답게 율법을 준행하면,

㉠ "내가 너희에게 철따라 비를 주리니"(4),

㉡ "내가 그 땅에 평화를 줄 것인즉"(6),

㉢ "내가 내 성막을 너희 중에 세우리니"(11)하십니다. 즉 하나님께서 자기 백성들과 함께 거하시겠다는 말씀입니다. 그런데 구약교회는 이 메시아언약을 우상과 바꿔치기 했다가 아담처럼 바벨론으로 추방을 당함으로 하나님과 함께 거하는 것이 깨지고 말았던 것입니다.

⑥ 26장에는 5차에 걸친 경고가 나옵니다. 이는 하나님께서 배은망덕한 그들을 오래 동안 참으시고 참으시고, 기다리시고 기다리셨다는 점을 나타냅니다.

㉠ 1차는, "그러나 너희가 내게 청종하지 아니하여 이 모든 명령을 준행하지 아니하며 내 규례를 멸시하며 마음에 내 법도를 싫어하여 내 모든 계명을 준행하지 아니하며 내 언약을 배반할진대"(14-15), "내가 이같이 너희에게 행하리니 곧 내가 너희에게 놀라운 재앙을 내려 폐

병과 열병으로 눈이 어둡고 생명이 쇠약하게 할 것이요 너희가 파종한 것은 헛되리니 너희의 대적이 그것을 먹을 것임이며 내가 너희를 치리니 너희가 너희의 대적에게 패할 것이요 너희를 미워하는 자가 너희를 다스릴 것이며 너희는 쫓는 자가 없어도 도망하리라"(16-17)고 재앙을 경고하십니다.

ⓒ 2차는, "또 만일 너희가 그렇게까지 되어도 내게 청종하지 아니하면 너희의 죄로 말미암아 내가 너희를 일곱 배나 더 징벌하리라"(18) 하십니다.

ⓒ 3차는, "너희가 나를 거슬러 내게 청종하지 아니할진대 내가 너희의 죄대로 너희에게 일곱 배나 더 재앙을 내릴 것이라"(21),

ⓔ 4차는, "이런 일을 당하여도 너희가 내게로 돌아오지 아니하고 내게 대항할진대 나 곧 나도 너희에게 대항하여 너희 죄로 말미암아 너희를 칠 배나 더 치리라"(23-24),

ⓜ 5차는, "너희가 이같이 될지라도 내게 청종하지 아니하고 내게 대항할진대 내가 진노로 너희에게 대항하되 너희의 죄로 말미암아 칠 배나 더 징벌하리니"(27-28)라고 경고하십니다. 이를 도식으로 나타내면 7배, 7x7배, 7x7x7배, 7x7x7x7배, 7x7x7x7x7배가 됩니다. 그런데 슬프게도 이런 예언적인 재앙은 그대로 임하여, 예루살렘은 멸망을 당하고 성전은 불에 타고 백성들은 포로로 끌려가고 말았던 것입니다. 이것이 우리의 경계가 됩니다.

㉠ 그런데 26장은 멸망과 절망으로 끝을 맺고 있지 아니합니다. "그들이 나를 거스른 잘못으로 자기의 죄악과 그들의 조상의 죄악을 자복하고 또 그들이 내게 대항하므로 나도 그들에게 대항하여 내가 그들을 그들의 원수들의 땅으로 끌어갔음을 깨닫고 그 할례 받지 아니한 그들의 마음이 낮아져서 그들의 죄악의 형벌을 기쁘게 받으면"(40-41) 하십니다. 이를 요약하면 "깨닫고, 마음이 낮아져서, 죄악을 자복하면"이라는 뜻이 됩니다.

㉠ "내가 야곱과 맺은 내 언약과 이삭과 맺은 내 언약을 기억하며 아브라함과 맺은 내 언약을 기억하고 그 땅을 기억하리라"(42), 즉 그들을 돌아보시겠다 하십니다.

㉡ "그런즉 그들이 그들의 원수들의 땅에 있을 때에 내가 그들을 내버리지 아니하며 미워하지 아니하며 아주 멸하지 아니하고 그들과 맺은 내 언약을 폐하지 아니하리니 나는 여호와 그들의 하나님이 됨이니라"(44)하십니다.

㉢ 왜 이렇게 긍휼을 베푸시는가 하면, "내가 그들의 하나님이 되기 위하여 민족들이 보는 앞에서 애굽 땅으로부터 그들을 인도하여 낸 그들의 조상과의 언약을 그들을 위하여 기억하리라 나는 여호와이니라"(45), 즉 하나님의 구원계획을 중단하거나 폐하지 않으시겠다는 말씀입니다.

그러면 현대교회는 그리고 한국교회는 첫째로 메시아언약, 즉 복음을 배반하지 않고 보수하고 있는가 라고 묻게 됩니다. 성경은, "때가 이르리니 사람이 바른 교훈을 받지 아니하며 귀가 가려워서 자기의 사욕을 따를 스승을 많이 두고 또 그 귀를 진리에서 돌이켜 허탄한 이야기를 따르리라"(딤후 4:3-4)고 경계하고 있는데 "그때가 이때"가 아닌지 심각하게 돌아보아야 할 것입니다.

둘째로 우리는 우상숭배와 무관하다고 말할 수가 있는가 라고 묻게 됩니다. 그런데 성경은, "그러므로 땅에 있는 지체를 죽이라 곧 음란과 부정과 사욕과 악한 정욕과 탐심이니 탐심은 우상 숭배니라 이것들로 말미암아 하나님의 진노가 임하느니라"(골 3:5-6)고, 우상숭배가 어떤 형상에 있는 것이 아니라 "탐심"이라는 마음에 문제라고 경고합니다.

이 말씀 앞에 한국교회의 결단은 무엇입니까? 사도 바울은, "너는 이것을 알라 말세에 고통하는 때가 이르러 사람들이 자기를 사랑하며 돈을 사랑"하게 될 것이라고 경계하면서, "경건의 모양은 있으나 경건의 능력은 부인하니 이 같은 자들에게서 네가 돌아서라"(딤후 3:1-2, 5)고 촉구합니다.

그렇다면 "내가 너희 중에서 예수 그리스도와 그가 십자가에 못 박히신 것 외에는 아무 것도 알지 아니하기로 작정하였음이라"(고전 2:2)한 바울의 결단이 우리의 결단이 되어야 마땅합니다. 이것이 "아브라함·이삭·야곱과 맺은 언약을 기억하리라"는 뜻입니다.

주님 약속하신 말씀 위에서 성령 인도하는 대로 행하며

주님 품에 항상 안식 얻으며 약속 믿고 굳게 서리라

굳게 서리 영원하신 말씀 위에 굳게 서리

굳게 서리 그 말씀 위에 굳게 서리라. (546장)